WENMING DE LIEBIAN
——ZHONGSHIJI ZAOQI DIZHONGHAI DA PENGZHUANG

文明的裂变
——中世纪早期地中海大碰撞

孙静静　徐斐斐　肖飞燕　著

河南大学出版社
HENAN UNIVERSITY PRESS
·郑州·

图书在版编目（CIP）数据

文明的裂变：中世纪早期地中海大碰撞 / 孙静静，徐斐斐，肖飞燕著. -- 郑州：河南大学出版社，2022.1
 ISBN 978-7-5649-5017-0

Ⅰ. ①文… Ⅱ. ①孙… ②徐… ③肖… Ⅲ. ①地中海区－中世纪史 Ⅳ. ①K133

中国版本图书馆 CIP 数据核字（2022）第 017408 号

责任编辑	林方丽
责任校对	阮林要
装帧设计	高枫叶

出版发行	河南大学出版社
	地址：郑州市郑东新区商务外环中华大厦 2401 号
	邮　编：450046
	电话：0371-86163953（数字出版部）
	0371-86059701（营销部）
	网址：hupress.henu.edu.cn
印　刷	河南瑞之光印刷股份有限公司
版　次	2022 年 1 月第 1 版
印　次	2022 年 1 月第 1 次印刷
开　本	890 mm×1240 mm　1/32
印　张	7.25
字　数	133 千字
定　价	39.00 元

（本书如有印装质量问题，请与河南大学出版社联系调换。）

前　言

　　自古以来，地中海周边不同的民族、不同的国家、不同的文明之间都进行了不同程度的往来，交流与融合共同造就了地中海区域的发展。伴随着古典文明的崩塌，中世纪早期的地中海区域，在各民族的不断迁徙、不断碰撞中，在罗马帝国深厚的文明废墟上滋养出了新生的文明力量。欧洲西部经历了日耳曼－拉丁化，东北部地区经历了东方希腊化，而西南部和东南部地区则完成了伊斯兰化，分别形成了西方文明、东正教文明和伊斯兰文明。所以，我们可以这样理解，古典文明的终结是一个地中海世界裂变为三个不同世界的过程，是一个古老文明的没落、解体与三个新的文明酝酿、形成和诞生的过程；旧世界的解体与新世界的诞生在时间和空间上都具有相当程度的同一性。[1]因此，对于中世纪早期地中海区域几大文明的考察也要放在地中海地域的时空范围内进行，这是一个持久性的话题。

　　从时间维度上看，西方文明形成的时间大体在七、八、九世纪之间，而拜占庭和伊斯兰两种文明也大体上形成于此时。就空间维度而言，三大文明环地中海比肩而立，彼此之间皆有相交

---

[1] 王晋新：《古典文明的终结与地中海世界的裂变：对西方文明形成的重新审视》，《东北师范大学学报（哲学社会科学版）》2010年第1期，第68页。

之处，构成了一种特定的文明地缘关系。从相互交往的维度上说，三大文明之间的确发生过种种密切的军事、政治、经济和文化的冲突，形成了一种特定的交往关系。[1] 关于各个文明之间的相互交往，马克思、恩格斯在《德意志意识形态》中指出"各民族之间的相互关系取决于每一个民族的生产力、分工和内部交往的发展程度。这个原理是公认的。然而不仅一个民族与其他民族的关系，而且一个民族本身的整个内部结构都取决于它的生产以及内部和外部交往的发展程度"[2]；并且"各个相互影响的活动范围在这个发展进程中愈来愈扩大，各民族的原始闭关自守状态则由于日益完善的生产方式、交往以及因此自发地发展起来的各民族之间的分工而消灭得愈来愈彻底，历史也就在愈来愈大的程度上成为全世界的历史"[3]。文明之间的相互交往、相互影响推动了文明自身的进步与发展。同时，文明之间的交往要放在一定的时空范围内去考量。

时间与空间，是宇宙万物中最具有本质意义的客观存在。时、

---

[1] 王晋新：《古典文明的终结与地中海世界的裂变：对西方文明形成的重新审视》，《东北师范大学学报（哲学社会科学版）》2010年第1期，第68页。

[2] 马克思、恩格斯：《马克思恩格斯选集（第1卷）》，人民出版社，1972，第25页。

[3] 马克思、恩格斯：《马克思恩格斯选集（第1卷）》，人民出版社，1972，第51页。

前　　言

空构成了人类所有活动所必须依赖的两个客观的前提与条件。人类正是以自己的历史活动与自然的时、空发生联系,使客观自然意义上的时间与空间转化为具有人类历史意义的文明时间与空间。而后世人们对文明历史上任何一种历史现象(活动、事件、运动等等)所进行的认知,都应该也必须与文明的时间与文明的空间相关联。历史认知、历史活动、历史时间与历史空间共同构成了一个多维的整体框架。而且,在历史考察中,对于某个事件的时间意义上的判定,往往是由这种考察所选择的空间范围来决定的。不同的事件所具有的时间与意义只能对应于不同的空间范围而言。换言之,某种特定事件的时间意义也只能在特定的空间范围内获得阐释和被人解读。[1]

对于地中海周边区域的历史变动来说,罗马帝国覆亡以后的历史,时空的意义更为凸显。在人类结构所有奇妙的特征之中,罗马帝国所具备的最显著并且也是最本质的特征,就是其地中海的特性。尽管帝国的东部地区为希腊语区,西部为拉丁语区,但这种地中海特性却使得整个罗马帝国具有一种一体性,正是这种一体性将一种整体感赋予帝国的各个行省。地中海的地理意义在于它将欧洲和非洲分隔开来,但地中海的文化意义却与

---

[1] 王晋新:《古典文明的终结与地中海世界的裂变:对西方文明形成的重新审视》,《东北师范大学学报(哲学社会科学版)》2010年第1期,第66页。

其地理意义大为不同，因为它将沿海各地连接起来了，而不是隔离开来。地中海具有这种文化维度上的连接作用，自公元前三千五百年左右开始出现第一次远距离海上航行，到公元七百年前后已经延续了四千余年。同时，中世纪早期是这三大文明初步形成的关键时期，是地中海这三大文明形成的源头。尤其是从八、九世纪发展到一千年左右的时候，地中海周边形成了几个大的政治实体。文化、政治和社会建制、文学语言甚至写作，无论从哪个方面去研究，九世纪的地中海明显地表现出古典文明的裂变。德意志王国在萨克森王朝时期走向相对强大的集权制，建立了帝国教会体制，无论是在政治还是经济以及文化等方面都使它成为当时地中海北岸的政权代表；西班牙科尔多瓦帝国在阿卜杜拉·拉赫曼当政时期走向昌盛，创造了西班牙中古时期著名的科尔多瓦文明；拜占庭帝国在马其顿王朝几代人的经营之下，到尼基福鲁斯二世时期走向鼎盛。基本上在八、九世纪直至千年之交，这三大政治中心在不同的领域以不同的方式进行了深层次的、活跃的交流，当然也时有碰撞。然而，交流是这一时期的主流趋势。这一时期，三大政治实体进入了一个文明交往的高峰期，从相互碰撞走向相互制衡，在碰撞中相互发展、相互借鉴。从这个意义上来说，就是典型的横向发展推动了各自的纵向发展。在提倡文明交流与互鉴的今天，它们之间的交流更加具有深刻的现实意义。

前　言

但是，研究八、九世纪以来直至千年之交地中海各文明之间的交流与冲突，并不严格地按照具体的时间点来把握它们之间的关系。历史的发展有一定的惯性与延展性。因此，对于这一时期地中海各个文明之间的交流与冲突的研究只是在大概的时间轮廓范围内的研究，我们力图凸显这一时期各个文明之间的关系特点，以及这一时期各个文明之间的交流对各自文明产生的巨大影响。文明之间的交流与冲突不是一成不变的，是随着时代的变化而变化的，每一个时期都有着不同的特征。研究八、九世纪以来直到千年之交地中海各文明的交流就是为了以史为鉴。总而言之，各个文明之间的交流促进了历史的发展，推动了文明的互鉴，虽有碰撞，但是和平交流始终是历史发展的主线，在互相交流中学习是历史大的发展趋势。

目　　录

第一章　八、九世纪地中海政治格局的变化……001
第一节　周边民族力量对地中海政治环境的冲击………002
第二节　东法兰克－萨克森政权的政治资源与兴起……008
第三节　拜占庭帝国的国内政治环境…………………028
第四节　科尔多瓦帝国在西班牙的立足………………043
第五节　小结……………………………………………050

第二章　西欧与拜占庭的交流与碰撞………………053
第一节　语言与使节交流………………………………054
第二节　加洛林与拜占庭的交流与冲突………………058
第三节　双方的婚姻交流………………………………066
第四节　意大利政治变化的影响………………………077
第五节　拜占庭与东法兰克－萨克森王朝的交流……084
第六节　拜占庭与西方交流与碰撞的影响……………091
第七节　小结……………………………………………101

第三章 科尔多瓦帝国与加洛林及萨克森的交流与碰撞 103

第一节 科尔多瓦与加洛林的交流与碰撞 104
第二节 科尔多瓦拉赫曼三世与萨克森奥托一世的交流 127
第三节 西方与科尔多瓦之间的文化交流 141
第四节 小结 142

第四章 拜占庭帝国与阿拉伯国家的交流与碰撞 145

第一节 拜占庭帝国与东方阿拉伯政权 148
第二节 拜占庭帝国与西方阿拉伯政权 173
第三节 拜占庭与阿拉伯人政治、军事交往的影响 194
第四节 小结 216

参考文献 219

第一章　八、九世纪地中海政治格局的变化

文明的裂变：中世纪早期地中海大碰撞

第一节　周边民族力量对地中海政治环境的冲击

对于东地中海和西地中海、南地中海冲击最大的就是阿拉伯人。632年，阿拉伯半岛基本统一。之后阿拉伯人开始冲出阿拉伯半岛，冲击东、西地中海，进行扩张。尤其是在四大哈里发时期，阿拉伯军队在地中海横冲直撞、所向披靡。艾布·伯克尔担任了阿拉伯帝国的第一任哈里发。633年秋天，遵照哈里发的命令，阿拉伯军队向拜占庭统治的叙利亚发起了进攻，阿拉伯圣战正式开始。635年，大马士革陷落。巴勒贝克、哈马以及其他城市相继落入阿拉伯人之手，638年和640年耶路撒冷和凯撒利亚相继投降。至此，叙利亚全被征服。[1] 第二任哈里发欧麦尔又派大军出征波斯，651年波斯灭亡。欧麦尔又对地中海东岸的叙利亚发动强大攻势。同时，另一支阿拉伯军队从巴勒斯坦出发，向拜占庭治下的埃及挺进。641年阿拉伯军队攻占坚固的巴比伦堡，最终拜占庭皇帝下令守军与阿拉伯军队媾和，埃及落入阿拉伯军队手中。之后，从669到717年，倭马亚王朝阿拉伯军队又对拜占庭发动了三次大规模的进攻，曾三次进攻君士坦丁堡，均未成

---

[1] 郭应德：《阿拉伯史纲》，经济日报出版社，1997，第47-48页。

功。皇帝立奥三世使用希腊火,并且全城组织备战,战胜了阿拉伯人。这意味着阿拉伯人从地中海东部进入欧洲的道路受阻。

阿拉伯人沿着地中海南岸一路向西攻到了大西洋边,以为是世界的最西边,因此把利比亚以西的土地称为"马格里布",意思是在阿拉伯的西方。马格里布包括了现在的突尼斯、阿尔及利亚、摩洛哥。711年,阿拉伯军队从马格里布向北渡过直布罗陀海峡,攻入欧洲。灭掉西班牙的日耳曼人王国西哥特,之后从西班牙继续北进。732年,在普瓦提埃受阻于法兰克宫相查理·马特的军队,阿拉伯军队困于比利牛斯山以南。[1] 这意味着阿拉伯人从南部进入欧洲的道路也一样受阻。

同时,伴随着自身的发展,阿拉伯人并没有停止对地中海世界的进攻。在九世纪,又卷起了一股新的进攻浪潮。827年,他们入侵西西里岛;843年,威胁罗马城。他们还占领了科西嘉岛、萨丁岛、南法兰西的罗纳河三角洲。在这一时期,穆斯林蹂躏了整个意大利南部和中部。法国南部也遭到了穆斯林的侵扰。[2] 但这一时期阿拉伯人的袭击规模较小,发生

---

[1] 邹英:《走进阿拉伯文明》,民主与建设出版社,2001,第10-13页。

[2] 布莱恩·蒂尔尼、西德尼·佩因特:《西欧中世纪史》,袁传伟译,北京大学出版社,2011,第144页。

的多是局部战争。

综上所述，初期四任哈里发和倭马亚王朝、阿拔斯王朝的扩张，奠定了阿拉伯帝国的疆域基础，从地中海东西南北四个方向进行了不同程度的冲击，催生了地中海各大政权不同程度的调适与改变，对整个地中海世界产生了非常大的影响。阿拉伯在东地中海的扩张刺激了拜占庭帝国的内部政治军事制度——军区制的改革，因而受阻于立奥三世。在西地中海击败西哥特王国占领伊比利亚半岛，为后倭马亚王朝立国打下了基础。在西北部受阻于查理·马特，提高了查理·马特在法兰克墨洛温王朝的地位，为后来建立加洛林王朝奠定了基础。因此，几乎在同一时期，拜占庭与法兰克仅仅相隔14年，依靠自身的军事实力将阿拉伯人阻隔在欧洲之外，基本保证了欧洲相对独立地发展。亨利·皮朗甚至将阿拉伯在七世纪的扩张对欧洲的冲击与日耳曼人对罗马帝国的影响相比较，认为这样比较更能理解阿拉伯在七世纪扩张的意义。所以，阿拉伯的刺激作用功不可没。在皮朗眼里，东部阿拉伯变成了黑野兽地区，阿拉伯对北非和黎凡特，即叙利亚地区的征服给地中海设置了一道障碍，而不是一个交流沟通的通道。因此，皮朗坚持认为正是阿拉伯的扩张使得欧洲南部从东部隔断，因而导致停滞不前。另一个积极的影响是拜占庭阻挡了阿拉伯的入侵，成就了欧洲北部新政权形式的繁荣，

第一章　八、九世纪地中海政治格局的变化

最终在加洛林帝国达到了顶峰。总之，在地中海的不同方向，阿拉伯的入侵造成了不同程度、不同方面的影响。

另外，在中世纪早期所有冲击欧洲大陆的民族中，仅次于阿拉伯人的就是匈牙利人。匈牙利人对欧洲的冲击主要在陆上，而不在海上。匈牙利人当时称马扎尔人。今天，"Magyar"的定义通常被用作一种民族语地名。在其历史意义上（在匈牙利国家成立之前）或社会文化意义上，指的是来自海外的玛格丽特人，即少数民族。

拜占庭皇帝君士坦丁七世（Constantine Porphyrogenitus）认为他们是突厥人（Turks）的一支。最早臣服于哈扎尔人(Khazars)[1]，后又脱离了哈扎尔人的统治。由于哈扎尔人内战削弱了自身的优势，他们有的遭到屠杀，有的逃跑并且迁移到帕臣涅格人的土地上与突厥人居住在一起，被称为卡巴罗伊（Kabaroi）。对于这些突厥人来说，他们用哈扎尔方言。

---

[1] 哈扎尔人，是一个半游牧的突厥部落。在6世纪晚期与说突厥语的部落联盟建立了一个覆盖现代俄罗斯欧洲部分的东南部的大的商业帝国。在650–965年，曾雄霸从乌拉尔河到顿河平原直到东部的克里米亚和北高加索地区。哈扎尔人的联盟曾作为拜占庭帝国与草原上的游牧民族以及阿拉伯倭马亚王朝之间的中立政权而存在。900年以后结束与拜占庭帝国的盟友关系。拜占庭帝国鼓励阿兰人攻击哈扎尔人，削弱其在克里米亚和高加索的势力。最终，俄罗斯的势力进入北部。cf. https://en.wikipedia.org/wiki/Khazars#cite_note-194,2018年12月3日。

直到今天他们仍然在用这种语言,但是他们也用别的突厥方言。由于骁勇善战,他们成为八个部落中的第一部落,在战争中处于领导地位。'Kabaroi'是从哈扎尔人那里分离出来的部落;第二个部落是涅克(Nekis);第三个部落是麦扎尔(Megeris);第四个部落是居特焦尔马特(Kourtougermatos);第五个部落是陶尔扬(Tarianos);第六个部落是耶诺(Genach);第七个部落是凯尔(Kari);第八个部落是凯西(Kasi)。他们和'Kabaroi'这个部落一起与突厥人共同居住在帕臣涅格人的土地上。这几个部落史称"七部",七部中以麦扎尔部人口众多、实力最强,其名转音为 Magyar(马扎尔),后成为全体族人的统称[1]。而匈牙利人自称马扎尔人。在九世纪早期,他们主要居住在两个地区。一个介于伏尔加河和乌拉尔山之间的帕臣涅格人和乌拉尔保加利亚人之间,另一个介于多瑙河和库班之间。或许在 825 年至 830 年间,后一个部落由于不确定的原因从西北部迁移走了,最后定居在接近多瑙河河口的右岸。在 888 年或者 889 年,马扎尔人被帕臣涅格人驱赶到距离多瑙河河口更近的西方。之后匈牙利人又受到拜占庭帝国的指使,与保加利亚大公西蒙

---

[1] 沈坚:《匈牙利人起源及早期变迁》,《经济社会史评论》2016 年第 2 期。

(Symeon)[1]作战,并且完全击败了他。但是之后西蒙又和拜占庭帝国和解,派遣使节到帕臣涅格人那里,并签订协议一起袭击突厥人。[2]之后,帕臣涅格人与西蒙继续攻击他们,完全摧毁了他们的家族,他们开始痛苦地流亡。896年,他们开始定居在匈牙利,这一年也被称为"定居年"。到906年,他们突袭了摩拉维亚王国(Kingdom of Moravia)[3],建立了匈牙利王国。

而从十世纪初开始,匈牙利人就不断侵扰东法兰克-萨克森王国。906年,他们洗劫了萨克森,之后劫掠了图林根。在此后的二十年里,他们袭击了所有的日耳曼区域和莱茵河流经的边境地区。萨克森王朝国王海因里希(Henry)一世在933年取得了对马扎尔人的第一次胜利。955年,奥托大帝(King Otto the Great,936—973在位)在列希菲德(Lechfeld)

---

[1] 保加利亚大公西蒙(894-927),他在位时期,保加利亚帝国实力达到顶峰。

[2] 拜占庭皇帝君士坦丁七世认为匈牙利人是突厥人的一支,所以一直称他们为突厥人。

[3] 8世纪末,摩拉维亚公国在当今的摩拉维亚东南部、斯洛伐克西南部的扎霍里和下奥地利部分地区形成。cf. Florin Kurta, "The History and Archaeology of Great Moravia: an Introduction," *Early Medieval Europe*, 17, no.3(2009). https://en.wikipedia.org/wiki/History_of_Moravia,2018年12月5日。

战役中彻底打败马扎尔军队，最终终止了他们的侵扰。

匈牙利人对欧洲大陆的冲击，最直接的政治后果就是德意志萨克森王朝的崛起，进而也改变了欧洲政局。整个十世纪上半叶，匈牙利人对于欧洲中东部的冲击造成了中、东欧自身政治、经济资源的整合，形成了一些著名的公爵领；推动了萨克森实施有利于稳定东部边疆的政策，包括政治倾向、经济开发、文化影响等策略的实施最终将东部边疆稳定在疆域之内，萨克森王朝在这样的刺激下也最终走向帝国。匈牙利则成为德意志政治文化圈影响之下的政权。

第二节　东法兰克-萨克森政权的政治资源与兴起

（一）八、九世纪东法兰克的社会状况

在匈牙利人、斯拉夫人等民族的不断冲击中，东法兰克-萨克森政权成长起来。但是它并不仅仅因为外部的刺激而兴起，而是建立在八、九世纪的政治状况之上。萨克森政权是法兰克加洛林政权在中欧的延续。而查理曼对萨克森的征服以及对东法兰克地区的经营成为之后几个世纪以来萨克森王国众多大公爵领地的基础。正是在查理曼时期奠定了日后东法兰克的基本政治轮廓和框架。在查理曼大帝向欧洲东部征服之前，东法兰

第一章 八、九世纪地中海政治格局的变化

克王国的整个行政建制几乎是空白的。几大公爵领在查理曼时期得到了新的发展与强化,八、九世纪比较强大的公爵领有巴伐利亚公爵领、萨克森公爵领、施瓦本公爵领、法兰克公爵领、洛林公爵领等,成为萨克森立国的政治基础。

787年,查理曼率军进入巴伐利亚,巴伐利亚头领塔西洛归降,一路没有遭到任何反抗。788年,查理曼大帝罢免了巴伐利亚当地的头领,开始将公爵体制引入巴伐利亚,而后逐步获得巴伐利亚教会的支持。巴伐利亚塑造了一种榜样和模式,通过并入的方式进入较为强大的加洛林帝国。这也意味着巴伐利亚在788年之后的发展可以帮助我们理解加洛林王朝的权威概念和治理模式,因为他们试图在一个新地区强加他们的权威。伴随着巴伐利亚公爵领成为法兰克帝国下属的行政辖区,查理曼又在巴伐利亚设置大主教区,加强了对巴伐利亚行政辖区的思想控制,还向巴伐利亚地区派驻了大量的法兰克伯爵代替当地公爵。这样,查理曼以及以后的加洛林皇帝给巴伐利亚带来了巨大的政治变化,出现了一个从属于帝国的巴伐利亚王国。查理曼以及他的儿子们发动的战争为巴伐利亚东部边境提供了新的土地、组织机构和忠诚于巴伐利亚和加洛林的臣民。整个九世纪,忠诚的服务人员以及相互的联姻造就了一批新的巴伐利亚-法兰克的精英阶层,一种基于个人服务和个人侍从纽带的、新的尽忠形式出

现了。随着时间的推移，这种服务体系和侍从关系纽带成为对王国尽忠的基础。后来，查理曼的儿子"虔诚者"路易又将巴伐利亚传给了"日耳曼人"路易。843年以后，"日耳曼人"路易掌管东法兰克王国。巴伐利亚逐渐成为东法兰克王国重要的政治基础和资源。在对匈牙利人的防御中，巴伐利亚吕特波德家族的实力增强，担当起了打击匈牙利人的重任。"日耳曼人"路易的孙子阿努尔夫去世后，王位传给了"孩童"路易。911年，"孩童"路易去世，加洛林在东法兰克绝嗣。巴伐利亚公国是中世纪早期非常重要的公国。在加洛林世界，它并不像伦巴第等一样是相对独立的公国。随着加洛林系在东法兰克地区统治的结束，巴伐利亚就成为萨克森王国内实力强大的公爵领。

还有施瓦本公爵领。施瓦本公爵领融入法兰克社会较早。公元496年，阿拉曼尼部落被国王克洛维一世击败，并入法兰克，由几位依赖法兰克国王的公爵统治。七世纪，人们皈依了基督教，在奥格斯堡和康斯坦斯建立了主教辖区；八世纪，在赖兴瑙岛和圣加尔建立了著名的修道院。阿拉曼尼人保留了他们以前的大部分独立，法兰克人的统治基本上是名义上的。但在709年，"赫斯特尔"的丕平征服了这块领土。730年，他的儿子查理·马特再次将其沦为附属国。之后阿拉曼尼人完全处于法兰克人的统治之下。查理·马特的儿子

"矮子"丕平废除了部落公爵,由帕拉廷伯爵统治阿拉曼尼亚。771年,查理曼国王迎娶了维兹高王朝的阿拉曼尼亚公主希尔德加德。但是与统治巴伐利亚不同的是,巴伐利亚享受一定的自主权,阿勒曼尼地区则不一样。查理曼则将阿勒曼尼部落公爵和贵族都转移到军事行动中,使其不再对加洛林王权构成威胁。所以,八世纪晚期到九世纪,阿勒曼尼几乎没有土生土长的贵族,因为它基本融合到了加洛林自己的政治军事体制之中。843年以后,阿勒曼尼归属于"日耳曼人"路易的东法兰克王国。到了九世纪晚期,阿勒曼尼越来越形成自己公爵领地的权威。伴随着匈牙利人的入侵,边疆伯爵洪弗里德家族兴起。从917年以后,洪弗里德家族以施瓦本公爵自称。

八世纪,法兰克尼亚还没有独立的名字。从九世纪开始,主要的地区被称为东法兰克尼亚。九世纪中叶,法兰克尼亚的主公爵领地出现了,它是东法兰克五大公爵领地之一。然而,今天的法兰克尼亚只覆盖了这个公国的东部。直到十世纪,法兰克尼亚还包括西法兰克尼亚公国。这部分包括了现在的黑森州、赫尼什黑森州、普法尔茨州和巴登北部,也包括了伦斯泰格路以南的现代图林根州的部分地区。

在九世纪,所谓的老巴宾伯格家族,在主要地区拥有重要的权力地位,直到与加洛林王朝产生裂痕。911年,东法兰克国王"孩童"路易去世。康拉德一世，也就是当时的法兰克尼亚公爵，在福尔切海姆被选为东法兰克国王。他把法兰克尼亚公国的权力交给了他的兄弟——法兰克尼亚的埃贝哈德。康拉德死后，萨克森公爵海因里希一世被选为东法兰克国王。939年，法兰克尼亚的埃贝哈德在安德纳赫与海因里希一世之子奥托的战斗中阵亡。此后，法兰克公爵领就没有了继承人，公国直接隶属于国王。不像其他公爵领地，法兰克尼亚从那时起就是东法兰克 - 萨克森国王的王室权力基础。因此，在德国中世纪史上，它从未像萨克森、巴伐利亚和施瓦本等公爵那样成为一个强大的地区强国。

843年，查理曼的孙子们将法兰克帝国一分为三。洛林归中王国的洛塔尔一世所有。洛塔尔一世去世后，将王位传给洛塔尔二世。从洛塔尔二世开始，洛林地区称为洛林公国。洛林边界依据河流来划分，东部莱茵河形成了天然的边界，西部以斯克尔特河和马斯河为界，北部是北海。天然的边界一定程度将王国的疆域进一步确定。阿登高地的山和森林将洛林分成南北两个部分。而教会和世俗权力对于王国边界的界定从来不是一成不变的，也不是按照河流为界。图卢兹和凡尔登教区已经扩大到了马斯河的西部，洛林下属的郡也已经拉伸到莱茵河下游地区。我们所知道的后来德法之间因为洛林地区丰富的煤和铁等矿产之间的纷争，都是后话。此时的洛林，自加洛林王朝时期就是法兰克帝国的贸易中心地区。紧邻北海，河运发达，无疑会成为贸易集结地。马斯河更成为地中海至北海远程贸易的重要河运通道。洛林在九世纪和十世纪的经济地位愈加重要。在文化上，洛林地区是加洛林王朝统治的中心地区，加洛林重要的政治中心如亚琛等都在洛林。洛林重要的地理位置注定成为东、西法兰克王国争夺以及后来德法之间争夺的焦点。

这时，洛塔尔二世要与不育的、行为不检点的王后乌特贝加离婚，与瓦尔德拉达结婚。但是瓦尔德拉达的地位并没有得到承认，一些教士对瓦尔德拉达进行了严厉的道德评判，他们甚至不直接称呼瓦尔德拉达的大名，而是直呼其为洛塔尔的情妇。并且洛塔尔与瓦尔德拉达育有一子，就是雨果。雨果的地位也未得到承认。这遭到了王国内乌特贝加家族和东、西法兰克王国国王的反对。最终，洛塔尔二世屈服于教俗的压力，没能离婚。869年洛塔尔二世死后无嗣，这指的是他与法定的王后没有孩子。洛塔尔二世的继承问题因教会与"秃头"查理、"日耳曼人"路易的干预而变得非常复杂。他们在870年签订了《梅森条约》，对洛林地区进行了重新分割。对于接下来五十多年因洛林而引起的矛盾纠纷来说，这只是一个开端。至此，洛林公国作为一个完整的、与众不同的政治建构而存在，格外引人注目。

在东法兰克"日耳曼人"路易的孙子阿努尔夫时期,阿努尔夫任命自己的私生子咨文底博尔德为洛林国王。咨文底博尔德死后,东法兰克"孩童"路易派康拉丁·盖伯德伯爵去洛林。正是在这时,洛林公爵领在东法兰克王国末期开始有了分离的趋势。洛林地区贵族的兴起也加剧了分离的倾向。随着实力的增强,洛林公爵领在康拉德一世时期,曾经一度转向西法兰克,在萨克森海因里希一世时期,他将女儿嫁给洛林公爵,与洛林建立姻亲关系,之后洛林公爵一直服膺萨克森的统治。

八世纪,萨克森人还依然保持着游牧民族的生活习俗。大土地制尚未形成,萨克森人的主要经济活动还不是农业生产。在政治上起主导作用的是由贵族、自由人和半自由人组成的公民大会。公爵由公民大会选举,但公民大会的权力仅限于战争,公爵的职责也仅限于军事上。萨克森人与法兰克人在社会结构以及经济活动上的差异,导致双方接触时常常发生武力冲突。八世纪左右,由于萨克森人不断侵扰在莱茵河和图林根右侧的法兰克人土地,最终,经常性的武装冲突化为公开的战争。[1]查理曼的祖先们查理·马特、卡洛曼一世、

---

[1] 王亚平:《德国通史·第一卷·封建帝国时代》,江苏人民出版社,2019,第64页。

第一章 八、九世纪地中海政治格局的变化

丕平三世已经承担起针对萨克森人的报复性远征。

对萨克森地区的征服是查理曼投入时间和精力最多的。最早在772年，查理曼接续祖先的远征大业，率军进入萨克森，连年征战。查理曼在西萨克森地区驻军，并建造了永久的要塞。查理曼对萨克森的战争持续近三十年，他并没有满足于对萨克森人的征服，还将法兰克的政治建构和军事组织、教会组织引入了萨克森地区。之后，萨克森人不断反叛，794到797年之间的战争又进一步强化了法兰克人在萨克森政治和宗教上的权威。从772年到804年，萦绕着萨克森人连续的反叛与查理曼不断的征战。直到804年，萨克森完全纳入法兰克帝国的版图。同时，从查理曼到"虔诚者"路易，再到"日耳曼人"路易，一直贯穿着的政策就是以加洛林的方式扶持萨克森贵族。查理曼将行政组织强加给萨克森，行政伯爵大部分都是萨克森人。而萨克森贵族与法兰克王室之间的结合在843年之后进一步增强，最终在萨克森地区形成了康拉德家族和柳多尔夫家族。柳多尔夫家族与法兰克王室家族有姻亲关系。九世纪初，在防御斯拉夫人、匈牙利人侵扰的过程中，萨克森柳多尔夫家族异军突起。萨克森公爵领"伟大"的奥托死后，把整个萨克森公爵权力给了显赫而杰出的儿子海因里希。海因里希成为萨克森公爵。应该明确九世纪萨克森地区兴起的家族并不是萨克森本土天然自生的和历史的部落代表。毫无疑问，他们是加洛林统治的行政者、伯爵、边疆伯爵，他们在战争中增强了自己的军事实力，最终成为

公爵。

综上所述,东法兰克王国大部分领土都是查理曼新征服的地区。它们深受加洛林政治体制和管理模式的影响。尤其是在萨克森征服战争之后,加洛林政治体制被移植到新征服的地区。但一个基本的事实就是王权相对松散,地方公爵实力强大。一旦强权人物逝去,就会出现离心倾向。从911年康拉德一世被推举为国王,萨克森王朝内政上一直要解决的问题就是神圣的王权与地方实力强大的公爵之间怎样平衡。这在某种程度上与加洛林在东法兰克的政治遗产相关。加洛林帝国查理曼所确立的王权概念以及与公爵之间的关系、与教会的关系都深刻地影响了萨克森王国。

(二)萨克森的王权渊源

加洛林时期可以说是中世纪西方自基督古典时期以来稳定的统治权理念巩固、发展、神化的时期。萨克森王权是对加洛林王权的强化与发展。从法兰克-墨洛温王朝到加洛林王朝再到萨克森王朝,王权的强化与继承经历了几百年时间。

墨洛温王朝按照日耳曼人的习惯伴随着权力的增长将血缘继承的习惯固定为制度。日耳曼部落的持久性习惯体现在君主制中,和其他日耳曼人部落一样,法兰克君主制从部落首领过渡到王权。而在法兰克部落的这一转变过程尤为经典,尤其影响到以后的加洛林王朝以及萨克森王国的历史。

第一章　八、九世纪地中海政治格局的变化

在早期的法兰克部落中，最先统治其他部族的那个部落将其他的部落合并起来，形成部落联盟。部落联盟的首领成为萨利克国王。根据这一传统，国王所在的家族就比其他的家族更为古老，更为显赫。而这一神圣的家族将自己追溯到了一个在黑暗的神话中的半历史半神化的叫作墨洛温的祖先，这应该就是墨洛温王朝的起源。

墨洛温王朝的克洛维一世在连续的军事胜利中进一步扩大了自己的权威，在所有的部落联盟中成为佼佼者。莱茵河畔的法兰克部落举起盾牌为克洛维欢呼。从此，克洛维成为法兰克人的唯一统治者。至此，墨洛温的君主制代替了法兰克的部落首领。克洛维将自己的权力归于他对军队的指挥和所取得的军事胜利，他的君主制看起来像是军事君主制，但也并不是完全如此。克洛维是王室血脉，生来就是继承人。军事和神圣的君主制相结合，他所取得的军事胜利进一步强化了他的王室血缘和他作为君王的光辉。君主制取得了压倒式的优势，尽管军队是人民的代表并且在重要事情上有发言权，但再也没有出现过军队流行的集会。克洛维死后，他的儿子理所当然要继承王位，这就意味着他所有儿子都有继承权，因为他们都是王室血脉。虽然没有清晰的、明确的继承制度，并且尽管克洛维和他的继承人都已经受洗皈依基督教，但墨洛温的君主制与日耳曼的习惯法却是那么一致。本身神

话的理念就早已存在于日耳曼的部落思想中，现在也流行在王室家族。王室家族和其他贵族之间的不同就在于王室家族有国王的光芒与荣耀。当然，这不仅仅是国王本人，还有他的家族。因此，君主制被蒙上了一层拥有神力的外衣，王室家族得以神化。

而法兰克的王权在加洛林时期得到了巨大的改变。随着文明的进步与发展，日耳曼血缘因素逐渐淡化。基督教逐渐渗透到法兰克社会中，最直接的表现就是对王权神圣化的影响。王权的继承是神意选择的结果。这其实就是由神话性的血缘神权向基督教神权转变，君主制蒙上了基督教神圣的外衣。我们知道，诸子分配制度最终会导致王国混乱，诸子厮杀争权。墨洛温王朝末期就不可避免地出现了这样的政治问题。混乱之中，宫相加洛林家族实力上升，最终取代墨洛温王朝，建立了加洛林王朝。751年加洛林王朝的丕平罢黜墨洛温王朝的末帝。按照法兰克人的习惯，丕平被推举为国王。754年，教皇斯蒂芬三世为丕平加冕。800年，他的儿子查理曼由教皇立奥三世加冕。加洛林王权进一步蒙上了基督教神权的外衣。

从此以后，推举和加冕的仪式成为加洛林王朝国王继位的两项重要的程序。准确地说，推举才是法兰克人的合法程序，教皇的加冕则是另外一个层面，即道德层面，而非法律层面。由于有教皇的权威,在道德层面,这种继承的程序在道义上就得到了认同。而实际上王位的继承仍然依赖于法兰克人的推举。从这个层面来说,丕平的王位就是法兰克人推举来的,这与之前的墨洛温王朝毫无差异。

但是,我们也应该看到一种变化,那就是加洛林王朝的王权与墨洛温王朝是不同的。丕平虽然是推举的国王,但并不是像墨洛温王朝一样,基于血缘和习惯法。因为在法兰克人看来,从王室血脉的角度来考量,丕平并不具备墨洛温王室血脉,这是加洛林王朝的诟病。恰在这时,教皇的诉求、权威与新王朝的统治者一拍即合,丕平开启了为国王加冕的先例。事实上,丕平的加冕是一种政治上的创新。丕平的动机很明确,加冕无疑弥补了他并非出身王室血统的缺陷,却给予丕平一种新的、神圣的身份的确认。这种神圣来源于上帝,而非血统。是上帝任命了国王,并且通过加冕的形式赋予国王责任。这基本概括了构成王权理论的内核,并以一种更为突出的形象出现在德意志王权继承的历史之中。962年,奥托一世的加冕就是对加洛林神圣王权的传承与发展。奥托一世所继承的国土和王权在很大程度上也是承袭了东法兰克王国,东法兰克王国是在查理曼大帝的军事征服和外交斡旋之下而推向顶峰的。所以,从这个角度来说,神圣罗马帝国的建立源自教宗授予查理曼帝号并且奥托一世自己也认为他的帝号承袭着查理曼王权的传统。因而，查理曼大帝所缔造的加洛林帝国和奥托一世经营的萨克森帝国在某种程度上也可以都被视为神圣罗马帝国发展的不同阶段。正如墨洛温家族衰败后加洛林家族继起，王国还是法兰克王国。同理，加洛林家族衰败后，来自另一个家族、操着不同语言的奥托家族掌控王位，但是王国还是原来的那个王国[1]。

伴随着王权神化、神意选择，对于法兰克来说，另外一个要解决的问题就是长子继承制。在汪达尔人中间已经存在长子继承制。但是在日耳曼的其他部落，如法兰克部落中就没有这一规定。因为血缘关系已经深深植根于法兰克部落，这种深刻的血缘观念阻碍了长子继承制的推行。流行于中世纪早期直至加洛林王朝末期的是诸子分配制度，尽管这会给王权带来危险。法兰克墨洛温王朝初步确立了君主制，但受到日耳曼习惯继承法的影响，因血缘因素仍然是王位继承的主导因素，诸子分配制度盛行。

加洛林并没有确立长子继承制。查理·马特去世后，就把王国分给了卡洛曼和"矮子"丕平。卡洛曼是查理曼的长子，但是"矮子"丕平也继承了王国的一部分，并且卡洛曼

---

[1] 李隆国：《查理曼称帝与神圣罗马帝国的形塑》，《史学集刊》2018年第3期，第25页。

还能与"矮子"丕平和平共处，互相帮助，甚至两兄弟还一起对付继母的儿子格尔福。但是，随着丕平被教皇加冕，其个人权势增强，他将卡洛曼囚禁了。卡洛曼的儿子要求分割父亲的遗产，也遭到了丕平的拒绝。而"矮子"丕平去世后，查理曼与卡洛曼一世继位，查理曼的母亲在查理曼出生后与丕平分离，其他的孩子都进入了修道院。查理曼的继母所生的孩子很多都夭折了。查理曼的弟弟卡洛曼一世也在771年早早去世，这样查理曼就成了唯一的统治者，这为查理曼的独自统治提供了可能和前提。也就是说，这种状况并不是长子继承制的结果，而是历史偶然的结果。

查理曼大帝东征西战，帝国疆域空前扩大。781年，他就将领土分给了三个儿子。长子小查尔斯被带在父亲的羽翼之下，准备继承加洛林的中心地带。而丕平和他的兄弟路易分别成为新建立的意大利和阿基坦亚王国的国王。路易是查理曼大帝的三个合法的儿子之一，他的孪生兄弟洛特在婴儿时期就夭折了。然而，丕平在810年去世了，查尔斯在811年去世了。到811年路易就突然成了法兰克帝国的唯一继承人和统治者。两年多之后，在813年路易被查理曼大帝承认为皇帝，从一个"成为国王的男孩"变成了皇帝。不到一年后，在814年2月，路易离开了阿基坦王国，接管了亚琛宫殿和他父亲建立的帝国。"虔诚者"路易继承王位、帝位以及成为唯一的统治者，很大程度上也是偶然因素造成的，即他与他的哥哥们年龄相差较大，而他的哥哥们还不是那么长寿。由此看出，即便在查理曼时期，对于长子继承权也还没有明确的观念。长子继承制的艰难建立是在萨克森王朝，这就能理解为什么萨克森王朝的皇帝确立长子继承制使用了很多策略，甚至一旦皇后生出男性继承人，就不再生育了。

萨克森王朝从海因里希一世开始，就试图确立长子继承权。929年海因里希统治了整个王国之后，他很可能已经开始安排王国的继承问题。目前还没有关于奥托安排的书面证据。但在这段时间里，在赖歇瑙修道院的一份文件中，奥托第一次被称为国王（拉丁语：rex）之后，海因里希一世首先为奥托寻找了一桩非常荣耀的婚姻，娶了威塞克斯王室的公主伊迪丝。几年后，海因里希在去世前不久，做出了国王的继任安排。他的一些财产和宝藏将在堂特马尔、海因里希和布鲁诺之间分配。但是，与加洛林王朝的传统遗产不同，国王指定奥托为唯一的继承人，显然没有经过各公爵的正式选举。虽然，在奥托一世继位过程中，其母亲马蒂尔德有意让小儿子海因里希继承，但由于国内大公爵的反对，她最终还是尊重了海因里希一世的选择。当然，这也为奥托统治期间争夺继承权的叛乱埋下了伏笔。海因里希一世与第一任妻子哈斯博格的儿子堂特马尔，不仅继承了其母亲的巨大财产，还继承了其父亲遗留下来的财产。他在被剥夺继承权之后就相当愤懑,这就是他拿起武器反对奥托一世的原因。但是经过一些激烈的战斗和围困之后,奥托一世最终宽恕了他。之后,同样是因为继承权的问题,如前所述,奥托一世的弟弟海因里希有其母亲马蒂尔德的支持,渴望参与统治,于是他到处赠送礼物,获得支持,开始叛乱。当海因里希叛乱的消息传到奥托一世那里的时候,他还不敢相信,但是他迅速集结军队镇压叛乱,海因里希的军队害怕重蹈堂特马尔的覆辙,如乌合之众般散去。堂特马尔和海因里希的叛乱都是因为与奥托一世争夺王国的继承权而发动的,最终遭到了镇压。海因里希一世建立起来的长子继承权有了一个良好的开端。

同时,在奥托一世统治时期,他与伊迪丝唯一的儿子柳多尔夫也因为奥托与阿德尔海德的婚姻以及其弟弟奥托二世而发动了叛乱,最终他向他的父亲祈求和平,求得宽恕。而奥托二世同样要面对继承权的问题,其叔叔海因里希,后来成为巴伐利亚公爵。海因里希的儿子"争吵者"海因里希也一直与奥托二世争夺王位继承权。

综上所述,从王权神化的角度来看,萨克森王权继承了加洛林神圣王权的加冕仪式。但从统治权的角度来看,加洛林一直到最后基本都是按照日耳曼的血缘继承的习惯,诸子都有继承王国的权利,将王国分立。而萨克森王权独创了长子继承权，并且艰难地维护了长子继承权，成为后来萨利安王朝以及德国历史的重要政治遗产，并且强大的王权、帝权有效地统治王国长达两个世纪。

在继承与创新的同时，还有很多历史的惯性与遗留问题。查理曼所建立的帝国是一个有着巨大差异与独立性很强的民族王国。十世纪的欧洲，西法兰克、德意志和意大利，以及洛林公国，勃艮第和普罗旺斯公国，都来自加洛林帝国的母体，他们绝非由于九世纪外族压力下崛起的偶然性结果。在法兰克人表面的一致性之下，加洛林帝国的每一个区域都有自己的生活、自己的历史、自己的问题和自己的地理特性。最终，这些都成为战争与动乱的根源；又加上外部众多民族的侵扰与烧杀抢掠等，不仅决定了在应对外族侵扰时所采取的方式，还决定了即将出现的新的王国政权形式。随着新一轮异族入侵的消逝，出现了西法兰克、萨克森等民族政权。但是，加洛林时代的那些差异性因素并没有随着新生政权的出现而消逝，而是仍然起着作用，隐藏在法兰克皇帝对广阔区域的超强度的统一之下。这将在以后的萨克森历史中发挥重要的作用。这也是之所以要追溯加洛林王权的原因。

（三）政权交接与新生政权的巩固

到九世纪末期，东法兰克各个地域的差异性愈加明显，

第一章　八、九世纪地中海政治格局的变化

国王已经很难控制那些日益独立的显赫贵族。到处可见身居高位的贵族，他们建立了广大的家族领地，有丰厚的俸禄和强大的军事领导权，以至于国王很难按照自己的意志去调遣他们。他们已经尾大不掉。而当时东法兰克加洛林系继承王位的却是一个六岁的"孩童"路易，911年"孩童"路易去世后无嗣。按照维杜金德的记载，所有的法兰克人和萨克森人都想推举萨克森公爵奥托继承王位，他以不敢承受这千斤重担的统治为由拒绝了邀请。根据奥托的建议，人们推举法兰克尼亚的康拉德公爵为王。康拉德一世不堪重负，权力微弱。他还不够灵活，试图重新确立王室的权威，却无视东法兰克各大公爵在九世纪中后期逐渐强大的事实，在内外交困的情况下于918年早逝。919年，按照康拉德遗命，法兰克权贵推举萨克森公爵海因里希一世为王。此为萨克森王朝的开端。

海因里希一世继位后，强大的施瓦本公爵伯查德、巴伐利亚公爵阿努尔夫有着强烈的离心倾向。海因里希一世最终出兵巴伐利亚，与阿努尔夫兵戎相见。最后，双方妥协。海因里希一世让自己的儿子与阿努尔夫的女儿结婚，双方联姻促成了王室与公爵的亲戚关系。阿努尔夫承认海因里希一世的萨克森君主地位，承认自己的权力来源于君主。海因里希一世则进一步确认公爵在公国内对王室财产和教会的所有

权。他在对待洛林的归属上面也是这样处理的。洛林曾经臣服西法兰克。海因里希一世不仅和吉尔塞伯特建立了亲密的关系，还通过联姻更进一步巩固了他们的关系，他将自己的妹妹格伯佳嫁给了吉尔塞伯特，重新封吉尔塞伯特为洛林公爵。这样，通过与公爵的联姻，海因里希一世巧妙地经营着与其他公爵的关系。洛林问题解决之后，海因里希一世的威望如日中天。

然而，王权本质上与那些独立的地方贵族紧密相连，王朝政治组织的稳定使贵族之间的竞争与不满不至于演化成公开的剑拔弩张。相对于加洛林晚期王权松散虚弱的状况来说，萨克森王权获得了新生。

稳定了政治局面之后，海因里希一世就开始考虑王位的继承问题。他为了给自己的王位增加荣耀，娶了高贵的维杜金德家族的马蒂尔德为妻，并生下儿子奥托。虽然萨克森柳多尔夫家族成了王室家族，王国内部还存在很多强大的公爵，如巴伐利亚公爵、施瓦本公爵等。在海因里希一世统治晚期，他通过任命新的公爵来强化自己的君主权力。当然，这些新的公爵完全服从他的统治。他们与王室紧密相连，而不受当地其他公爵的牵制。然而，地方独立的传统如此强大，而中央政府的组织又明显缺乏，导致中央任命的人员不能有效地维护王权的独立。在这样的政治形势下，奥托能否顺利地继承王位对于保障萨克森王权的延续来说至关重要。这就是前面所论述的长子继承权的问题。最后,海因里希向当时英格兰的威塞克斯国王爱德华请求联姻,爱德华的公主伊迪丝嫁给了奥托。通过与英格兰王室的联姻,海因里希有意地打破了加洛林王室家族与王国内最高贵族联姻的传统,降低了国内大公爵的地位,萨克森政权与地方公爵的关系也暂时进入了相对稳定的阶段。

到奥托一世时期,皇室家族内部争夺王权的冲突成为政局不稳的主要因素。除了前面论述的几次争夺继承权的叛乱之外,对于巩固王权来说,奥托一世最重要的举措就是建立"帝国教会体制"。按照当时的教会法对"神职人员与平民"的规定,皇帝在任命主教方面仅仅扮演着顾问和咨询者的角色。然而,奥托加强了皇帝在建立大主教区以及任命主教方面的权力。一个个直属于皇帝的大主教区成为他重要的政治工具。教皇的权威就受到了皇帝的限制。同时,他赠予教会,尤其是赠予主教礼物,授予他们公共特权,甚至封他们为贵族;将教士、主教纳入帝国行政系统,将王室主教变成了拥有教会官邸的世俗领主。萨克森各级教会机构就成了国家政治机器,执行各项管理职能。君主作为教会的保护人,全面控制教会,成为萨克森教会之首。他的权力被上帝神圣化。在人们眼里,他就是上帝在地上的代表。萨克森教会要服从皇帝，而不是教皇。因此，国内外史家把十世纪以来的萨克森建立的教会体制称作"帝国教会体制"或者"政治-教会体制"（德文：Reichskirchensystem。英文：Imperial Church System)。这一体制是加强王权的重要举措。最终，萨克森王朝在奥托一世时期走向稳定，成为当时欧洲西部集权制王权的代表，鼎盛长达两个世纪。

第三节　拜占庭帝国的国内政治环境

（一）八世纪伊苏里亚王朝的政局新变化

阿拉伯倭马亚王朝激烈进攻之时，正值拜占庭希拉克略王朝晚期。正是在与阿拉伯人的战争中，一位强有力的将军"伊苏利亚人"立奥三世结束了赛奥多西三世的统治，进入君士坦丁堡，在圣索菲亚大教堂加冕为皇帝，结束了为皇权斗争、篡位频繁的混乱时代。他开创了强大的伊苏里亚王朝，帝国进入了内部和平、金融稳定、行政体制管理高效、稳定发展的时期。正是伊苏里亚王朝有效地制止了阿拉伯人的进攻。

立奥三世刚称帝，就面临着阿拉伯人兵临城下的威胁。717年，阿拉伯哈里发苏莱曼·伊本·阿布德·马利克派遣的

第一章　八、九世纪地中海政治格局的变化

倭马亚军队，隶属于他的兄弟马斯拉玛·伊本·阿布德·马利克。他们利用拜占庭帝国内部的不和，向博斯普鲁斯海峡派遣了一支8万至15万人的军队和一支庞大的舰队。立奥紧急组织全城备战，再次利用希腊火，于718年8月再次击败阿拉伯人。这样，阿拉伯从东面进入欧洲的攻击在拜占庭首都城下被彻底粉碎。在陆上，伊苏里亚王朝又将阿拉伯人逐出了小亚细亚。立奥三世对阿拉伯人所取得的胜利不可小觑，至少从阿拉伯的征服战争来看，他确实拯救了欧洲。从这个意义上来说，立奥三世所取得的胜利可以与法兰克查理·马特在十四年后所取得的胜利相媲美。

在解决了外部的威胁之后，立奥三世开启了对政权的强化和对行政官僚体制的加强。其中对后世影响较大的就是完善军区制和开启"圣像破坏运动"，整个伊苏里亚王朝的皇帝们都投入了军区制的进一步完善和"圣像破坏运动"中。

立奥三世对于军区制发展的主要贡献在于将现有的大军区进一步分割为小的军区，这与立奥三世的个人经历有很大关系。立奥三世被阿纳斯塔修斯二世授予小亚细亚地区阿纳多利亚将军和军事统治者。他就是因为身居高位、手握重权而入主君士坦丁堡的。汲取这样的经验，他对大军区的发展多有限制。由于在七世纪晚期组建的轻战船舰队在717年君士坦丁堡围城中毫无作为，立奥三世就找到了充分的理由来

限制其发展。自此以后,拜占庭海军的一部分就作为一支帝国舰队,驻守在阿比多斯和海尔隆,以保卫君士坦丁堡和海峡,偶尔参与远征作战;同时,另一部分构成行省舰队,作为海防巡逻兵。[1] 军区的重新划分意味着军区制度的完善。从立奥三世开始,伊苏里亚王朝的皇帝们继续着这项工作。

"圣像破坏运动"不仅是拜占庭帝国内部影响重大的历史事件,对于帝国在东西方的对外交流也产生了深远影响。730年,立奥三世宣布这些被称为圣像的宗教图像是非法的,并下令销毁它们。以前的皇帝不仅容忍,还允许臣民崇拜偶像,以推动对东正教的崇拜。而立奥三世站在圣像破坏者一边,禁止了这些圣像,甚至最终下令销毁它们,尽管他的许多臣民都在强烈抗议。"圣像破坏运动"造成了帝国内部的混乱与动荡。

"圣像破坏运动"有着浓厚的个人信仰因素。立奥三世并不认为圣像是一种无辜的崇拜形式。他和许多其他基督徒,主要在东部省份,将偶像崇拜视为一种严重的罪。立奥三世和许多在军队服役的人员,指责偶像崇拜者崇拜偶像,认为这是对上帝的亵渎。这也是导致阿拉伯人攻击帝国的原因。

---

[1] 罗伯特·福西耶:《剑桥插图中世纪史(350～950年)》,陈志强等译,山东画报出版社,2006,第294页。

第一章 八、九世纪地中海政治格局的变化

还有学者认为立奥三世受到了阿拉伯人的信仰影响。这也成为拜占庭与阿拉伯之间的重要交流内容。

当然,"圣像破坏运动"的原因有很多,有单纯归于宗教原因的,有归于经济原因的。但这些都不能与政治动机相混淆。对于依靠军事叛乱登上帝位的立奥三世来说,在外敌激烈而强大的攻势下加强中央集权或许是最紧迫的。也就是说,加强中央集权就成为"圣像破坏运动"的可能性动机。无论如何,"圣像破坏运动"有效地将教会和修士手中的权力集中在皇帝手里。726年,立奥三世首次公开发布反对崇拜圣像条例。伴随着反对破坏圣像的呼声越来越高,立奥三世为了阻止反对派的运动,召开了一次帝国会议。会议随后宣布圣像是非法的。君士坦丁堡的牧首日耳曼努斯公开不同意新政策,立奥废黜了他,阿纳阿斯塔西奥斯接替了他的职位。后者完全同意立奥三世谴责偶像的新官方政策。

立奥三世的儿子君士坦丁五世同其父亲一样,是一位杰出的军事指挥家。他取得了对阿拉伯人的胜利,而后又称霸巴尔干半岛,还破坏了保加利亚的有生军事力量。同时,君士坦丁五世也一样坚持立奥三世的破坏圣像的政策。他坚定地反对圣像崇拜,在整个帝国组织的会议上提出了他的宗教观点,派代表为他的观点进行辩论。754年2月,君士坦丁五世在希里亚召开了一次会议,出席会议的都是反圣像的主

教。该委员会同意君士坦丁五世的宗教政策，宣布他们的圣像诅咒，并确保选举一个新的反圣像主教。然而，他们拒绝支持君士坦丁五世的所有政策，这些政策受到更极端的反圣像崇拜者的影响，并批评对耶稣母亲玛丽亚和圣徒的崇拜。委员会确认玛丽亚的圣母地位，支持使用"圣人"和"圣洁"这两个词，认为它们是合法的，并谴责为了压制偶像崇拜而亵渎、焚烧或抢劫教堂的作为。希里亚会议之后进行了一场运动，从教堂的墙壁上移除图像，并清除法院和官僚机构的偶像。由于修道院往往是信奉偶像的人们的据点，对国家的世俗需求几乎没有贡献，因此君士坦丁五世特别针对这些社区。他还为国家或军队的利益征用了修道院的财产。这些针对僧侣的镇压行动主要是由皇帝的将军迈克尔拉汉诺德拉康（Michael Lachanodrakon）领导的，他以致盲和流放的方式威胁抵抗的僧侣。在竞技场里，他组织了许多僧侣和修女结对举行强迫婚姻，公开嘲笑他们的贞节誓言。"圣像破坏运动"在君士坦丁五世时期达到了最高潮。

君士坦丁五世的儿子立奥四世英年早逝，皇后伊琳尼一开始做儿子君士坦丁六世的摄政，后来将君士坦丁六世的双眼刺瞎，自称女皇。伊琳尼于787年在尼西亚召开第七次基督教大公会议，重新恢复了圣像崇拜。"圣像破坏运动"第一阶段结束。

第一章　八、九世纪地中海政治格局的变化

802年，伊琳尼被推翻，伊苏里亚王朝结束。拜占庭帝国进入了军人交替执政的时期。815年，帝国会议重新下令彻底毁坏圣像，基本沿袭了伊苏里亚王朝诸帝毁坏圣像的思想，直到阿莫利王朝摄政米哈伊尔三世的母亲塞奥多拉时期，843年3月颁布法令郑重宣布恢复崇拜圣像。从815年到843年，是"圣像破坏运动"的第二阶段。

整体来看，整个八世纪对于拜占庭来说，最重要的事件就是"圣像破坏运动"。经历了"圣像破坏运动"，拜占庭帝国希腊-基督教帝国的特点更加凸显。它最重要的结果之一就是拜占庭皇帝仍然保持着皇权对教会的控制和操纵。另外，"圣像破坏运动"也对拜占庭与西方的关系以及与阿拉伯的关系产生了重要影响，影响了西方的政局。

米哈伊尔三世有一个叫瓦西里的宠臣，他从马夫一跃成为宫廷管家。在米哈伊尔时期，瓦西里的权力一步步增强，他支持皇帝所有的突发奇想，致使其在米哈伊尔初期的统治中频繁出席。瓦西里甚至和米哈伊尔进行了联合统治，阴谋就在这种亲密关系中萌生了。瓦西里在867年9月的一次酒后，将躺在卧室里昏迷的米哈伊尔刺杀了：瓦西里和他的一些男性亲属以及其他同伙进入了米哈伊尔的宫殿；锁被人撬开了，宫殿也没有设置防护装置；有一个迦勒底人，名叫约翰，杀了皇帝，用刀砍断了他的双手，又用刀刺伤了他的心脏。

瓦西里迅速宣布自己是唯一的皇帝，随后宣称了米哈伊尔的死讯。拜占庭进入马其顿时代。

（二）马其顿时代的中央集权和军事兴盛

与东法兰克-萨克森政权几乎同时，拜占庭帝国也经历着王朝的更替。阿莫利王朝（820—867）结束了"圣像破坏运动"，同时继续贯彻了伊拉克略一世实施的军区制改革政策，建立了新的军区，并且实施积极的财税政策，国库迅速充盈。这为马其顿王朝留下了丰富的遗产，为其中央集权的加强提供了经济上的保证。"圣像破坏运动"结束，帝国秩序趋于稳定，政教关系走向缓和。从马其顿王朝建立者瓦西里一世开始，历经立奥六世，开启了一个强化中央集权的时代。加强中央集权的过程是一个连续的过程，到了尼基弗鲁斯二世、约翰一世时期，帝国中央集权基本得到有效加强。

马其顿王朝的建立者瓦西里一世开创了其家族的历史。瓦西里一世出身于农民家庭，在米哈伊尔三世时期，他因战功卓越，平步青云，于866年被任命为共治皇帝。867年，他暗杀了米哈伊尔，建立了马其顿王朝。

他上台以后，摒弃了前任米哈伊尔三世统治的许多弊端，锐意改革，巩固了帝国政府的统治。[1]首先，瓦西里一世通过神话自己的出身，神话了自己的家族，从而使瓦西里家族获得权力的过程也得到了神话。瓦西里一世和他的继任者开启了重塑王朝起源的过程，包括重新塑造瓦西里的家谱背景和他的前任米哈伊尔三世的声誉。在瓦西里一世和立奥六世的合法化运动的许多方面中，有瓦西里和立奥与《圣经》里面国王大卫和所罗门的比较。瓦西里和大卫一样，都是由默默无闻到崛起为统治者。立奥和所罗门一样，以他的智慧而闻名，他最终被称为"智者"。这看似时间久远，却有着一致性。

就整个拜占庭帝国皇族历史来看，像瓦西里这样低下出身的人能够当上皇帝、登上皇位是非常稀少的情况。他既没有履行军事服务，也没有行政方面的知识，当时他继位的时候也没有证据表明拜占庭皇室在这一时期的包容性，以至于人们可以容忍一个毫无任何教育背景的人这么轻易地登上皇位。瓦西里一世为了掩盖自己篡位者的形象，便从意识形态上选择了大卫王作为自己形象塑造的模板。瓦西里一世富有新大卫王的特征，被神圣地批准取代倍受侮辱的米哈伊尔的位置。而瓦西里一世之所以选择大卫王这样的形象，是因为

---

[1] 徐家玲：《拜占庭文明》，人民出版社，2006，第97页。

他与大卫王出身相似。瓦西里是马其顿农民之子，大卫是牧羊人。瓦西里一世在米哈伊尔三世的宫廷是马夫，大卫是为扫罗弹琴的侍者。瓦西里一世与大卫的外表也有相似性。瓦西里一世身材魁梧，精力旺盛，大卫勇敢且容貌俊美。他们和前朝皇帝的关系也很相似。瓦西里一世杀死了巴尔达斯，大卫击杀了歌利亚。同时，瓦西里一世并没有满足其皇权神圣性的加强。他在一系列理论描述的基础上，使自己的形象无处不在，让他们停留在人们的记忆中。

瓦西里一世最大的成功就是消灭保罗派异端势力。当时基督教的保罗派异端在帝国东部发展迅速。它传遍了整个小亚细亚地区，并且在特费里斯建立了自己的政权。他们在阿拉伯边境难民中很有影响力。这场战争的重点是幼发拉底河上游的特弗里克人。他们与阿拉伯人结盟发动叛乱，并突袭至尼西亚，洗劫了以弗所。保罗派的领袖克里索契尔野心勃勃且英勇无敌，大胆突入亚细亚的心脏地区。保罗派势力的增强使得瓦西里一世迫不得已与保罗派妥协，却遭到克里索契尔的拒绝。瓦西里一世只好迎接挑战，率领军队进军东部。克里索契尔在战斗中阵亡。最终，瓦西里一世解决了东部边疆的保罗派问题。

另外，拜占庭有着非常浓厚的罗马法立法传统。作为篡位者，瓦西里一世有强烈的立法意识，以维护政权的合法性。

第一章 八、九世纪地中海政治格局的变化

帝国的权力机构在马其顿王朝进一步完善,帝国需要有相应的法律以维护国家利益和社会秩序的稳定。尽管瓦西里一世是出身极为低贱的篡位者,但是这位皇帝却有复兴希腊文明和罗马帝国的理想,也有恢复罗马法律的远大抱负。[1]他开启了复兴罗马法律时代,对于瓦西里家族皇权的巩固功不可没,正是通过颁布法律使人们进一步认可了自己的正统性,也平息了因伊苏里亚王朝和阿莫利王朝晚期内乱造成的社会混乱。

瓦西里一世是九世纪的第一位立法者。[2]他计划编纂了综合的法律文集,这是一部以希腊文颁布的《查士丁尼法典》,并且附有最新法律的补充部分。该法典定名为《古法纯净》。虽然《古法纯净》未能颁布,但它构成了立奥六世法律建设的基础,是其《皇帝立法》的基石。886年,立奥继位。他受到大学者弗条斯的影响,是一个文人和学者,他进一步加强中央集权。

立奥六世完成的伟大的立法工作使他成为自查士丁尼大帝以来最多产的立法者。他继承了瓦西里一世净化古法的政

---

[1] 乔治·奥斯特洛格尔斯基:《拜占庭帝国》,陈志强译,青海人民出版社,2006,第200页。

[2] 罗伯特·福西耶:《剑桥插图中世纪史(350~950年)》,陈志强等译,山东画报出版社,2006,第351页。

策，颁布了《皇帝立法》。他的四次婚姻最能体现其要把皇帝的权力牢牢地把握在瓦西里家族手中，为瓦西里家族能够有效地继承皇位做出了最大的努力。拜占庭学者陶格赫尔在其著作《立奥六世的统治：886—912》中认为立奥六世男性继承人的危机虽然不是他统治时期唯一的方面，但是其最明显的一个方面。这个事件本身表明了他对于宗教权威的看法以及他的权力观念。其实，权贵间的斗争只是立奥四次婚姻事件的一个方面，更为实质性的是立奥要证明他在《皇帝立法》中规定的皇帝拥有至高无上的权力并不是有名无实的，而能够拥有男性继承人是保证皇权延续的前提，也是皇权家族化的表现，为瓦西里家族能够有效继承皇位做出了最大的努力。立奥六世一生一共经历了四次婚姻。他的前三位妻子都没有子嗣。第四位妻子"黑眼睛"邹伊于905年为他生下了一个男孩。这位男孩明显是私生子。立奥为他取名为君士坦丁·柏菲罗杰尼图斯，意为这个男孩是生于紫袍之家的，强调了君士坦丁的皇家出身以及表明了立奥的皇统思想。这就是在有意强调皇帝以及皇室家族的神圣性。而在拜占庭，基督教只承认第一次婚姻的神圣性，而否认第二次婚姻，坚决拒绝第三次婚姻，禁止第四次婚姻。因此，君士坦丁的地位就成为一个悬而未决的问题。君士坦丁只有得到教会的承认才有皇位继承权。这时立奥六世的同窗尼古拉斯已经成为

第一章　八、九世纪地中海政治格局的变化

东正教大教长。据说,尼古拉斯偶尔向尤西比乌斯谈及孩子的受洗问题时,谈到君士坦丁是教会祈祷的结果。正是7个牧师面向圣餐坛,在神圣的教堂里持续的祈祷,皇帝才得到了他想要的,让他们为他拥有一位令人深爱的儿子而高兴。有些牧师并不愿意为君士坦丁做洗礼,他们认为只有立奥六世与邹伊分居,君士坦丁才能受洗。906年1月6日,教会的主显日,尼古拉斯主持了洗礼,尼古拉斯为立奥六世的儿子取教名为"君士坦丁",问题似乎得到了解决。然而,立奥六世在君士坦丁受洗后3天,就将邹伊重新接回皇宫,并封赐她为拜占庭皇后。教会可以容忍立奥六世的私生子拥有皇位继承权,却不能容忍立奥六世的情人拥有皇后地位,一怒之下将立奥六世革出教会。东正教会接受君士坦丁七世作为皇帝继承人,是对于国家政权的尊重,而要求立奥六世与邹伊断绝关系则是要求皇帝遵守基督教的婚姻法,这是两个截然不同的问题。所以,皇帝面临的主要问题还是婚姻的合法性,而不是继承人的合法性。最终立奥六世启用皇帝至尊权,通过向罗马教皇求助强迫大教长尼古拉斯退休,安排尤西比乌斯担任大教长,并且在婚礼仪式上亲自为新娘邹伊加冕。[1] 最终,立奥六世经过艰辛的努力将君士坦丁在911年6月9日加冕为帝,从婚姻到男性继承人地位的合法化过程终

---

[1] 徐家玲:《拜占庭文明》,人民出版社,2006,第99页。

于完成。

对立奥六世婚姻的争论，关系到马其顿王朝的延续，而正是这种延续关系到拜占庭帝国以后两个世纪文化和经济的繁荣。立奥六世最终保障了瓦西里家族连续执掌拜占庭帝国皇权。

立奥六世的孙子，即君士坦丁七世的儿子罗曼努斯二世去世后，权力转移到尼基弗鲁斯二世手中。尼基弗鲁斯·福卡斯成为皇帝之前，是帝国军队总司令。960年夏季，尼基弗鲁斯二世率领强大的舰队进攻克里特岛，经过长达整个冬季的围攻，帝国军队攻陷克里特岛的首府堪地亚。阿拉伯海盗被彻底清剿。克里特岛在落入阿拉伯人之手将近一个半世纪以后再度为拜占庭帝国所控制，从而为帝国在东地中海的霸权统治提供了最重要的战略据点。尼基弗鲁斯·福卡斯因此获得了帝国至高无上的荣誉，首都君士坦丁堡为他举行了盛大的欢迎仪式。这似乎就要使尼基弗鲁斯·福卡斯成为一个皇帝，随后帝国与塞费-阿德-达乌拉赫的战争又为尼基弗鲁斯二世赢得一个获得皇位的筹码。962年12月，尼基弗鲁斯攻陷了塞费-阿德-达乌拉赫的首都阿勒坡。从此，拜占庭终于消除了阿拉伯在亚洲的重要危险中心，而尼基弗鲁斯也因此被萨拉森人（拜占庭人把所有的阿拉伯人称为萨拉森人）称为"白色死神"。这两次关键的胜利，为帝国在十世纪末的东方扩张扫平了障碍。同时,福卡斯家族也得以在拜占庭政治中扮演举足轻重的角色,对这位出色将领的报偿就是皇冠。

罗曼努斯二世于963年3月15日去世。尼基弗鲁斯在福卡斯家族的根据地凯撒利亚被其部下拥立为帝。在与罗曼努斯二世时期的重臣布林伽斯激烈的战争后,尼基弗鲁斯终于在963年8月16日在圣索菲亚大教堂加冕称帝。尽管尼基弗鲁斯有些非贵族习俗,但他是并且后来一直是"权贵者"真正的代表人物,他成为皇帝标志着拜占庭贵族的胜利。[1] 尼基福鲁斯采取了诸多措施增强皇室家族的实力。

尼基弗鲁斯时期,社会越来越军事化。拜占庭社会充斥着越来越多的贵族,帝国已经不自觉地走向贵族化的道路。他上台后颁布的一系列有利于强化军事阶层力量的措施是帝国对外征服的需要与结果。967年,尼基弗鲁斯二世颁布了新律。虽然尼基福鲁斯二世长期在边境作战,但是他延续了前代的立法传统,改变了自罗曼努斯·利卡潘努斯以来的偏袒农民的政策,剥夺了农民享有优先占有转手给"权势者"土地的权利,大多数立法者担心的是这种侵占对拜占庭国家机制的两大主要支柱财政区和用地的影响。没有对自由农民

---

[1] 乔治·奥斯特洛格尔斯基:《拜占庭帝国》,陈志强译,青海人民出版社,2006,第227页。

的地位进行广泛的辩论,他们的"狭隘"是削弱帝国社会结构的封建化的前奏,也是对土地军事阶级实力的巩固。这实际上是其社会普遍加强对领土控制的征兆。

对于尼基福鲁斯来说,作为一位皇帝的第一职责就是拥有统帅一支人数众多且服从力极强的帝国军队,因而他非常擅长通过增加军役地产来笼络军队。第一个文本的日期是在966年到967年之间,由一个道德说教的序言、对手头问题的介绍和两篇文章组成。它的思想既简单又有争议:强者不应该允许从弱者那里购买土地,就像弱者从强者那里购买土地一样。这引起了许多不同的解释。直到最近,正统派对这个问题的看法还是奥斯特罗戈尔斯基的观点,他认为这项法律是帝国封建化不可逆转趋势的另一种表现。尼基弗鲁斯二世已经改变了前任皇帝们推行的偏袒农民的政策。军事贵族们希望将士兵阶层变成帝国的一个主要阶层。之后的约翰·基米斯基基本延续了尼基福鲁斯二世的政策。拜占庭帝国在尼基福鲁斯二世和约翰·基米斯基时代军事实力达到顶峰。

综上所述,八、九、十世纪是拜占庭帝国稳定发展的时期,中央集权的加强和军事实力的上升影响到帝国的对外交流。无论是帝国与东方阿拉伯之间,还是帝国与西欧各政权之间,都与这一根本特征紧密相连。

第一章　八、九世纪地中海政治格局的变化

第四节　科尔多瓦帝国在西班牙的立足

阿拉伯政权并不独有西班牙的科尔多瓦政权，但是它在欧洲的土地上发展出了异域文化的灿烂之花。在关于阿拉伯世界的交往中，科尔多瓦政权在这一时期与西方的交往较为典型。他们之间直接的碰撞不多，反而有很多使者穿梭于西方与科尔多瓦宫廷之间，为双方带来和平。所以，花费笔墨书写科尔多瓦政权是非常必要的。

（一）阿拉伯人对伊比利亚半岛的征服

阿拉伯四大哈里发和倭马亚王朝的扩张奠定了阿拉伯帝国的基础。阿拉伯人在地中海东岸打败叙利亚、波斯，重创拜占庭军队，沿着地中海南岸一路向西将北非尽收于囊中。但他们的铁骑并未止步于此，而是在抵达了摩洛哥之后掉转向北跨过了直布罗陀海峡踏上了欧洲的土地。他们对伊比利亚半岛的征服，对于中世纪早期的欧洲来说，意义非凡。从一开始，征服伊比利亚半岛就是倭马亚王朝军事征服的一部分。在675—676年阿拉伯试图对伊比利亚半岛进行大规模的军事远征。705年倭马亚王朝哈里发任命穆萨·本·努塞尔担任北非总督一职,在北非不断开疆拓土的穆萨在征服了非洲大陆西北的休达和丹吉尔之后,准备乘胜追击跨过狭窄的直布罗陀海峡,从而挺进到伊比利亚半岛。

710年夏天,北非总督穆萨·努萨尔派出了一支由塔尔夫率领的小型侦察远征队前往伊比利亚半岛的南端。征战欧洲的这个雄心勃勃的计划首先是交予了柏柏尔人塔立克·伊本·齐雅德及其率领的以柏柏尔人为主的七千人左右的军队。他并没有辜负穆萨的重托,在伊比利亚半岛上可谓是所向披靡、战无不胜,带回了大量战利品。阿拉伯铁骑就以这种摧枯拉朽之势将本来就摇摇欲坠的西哥特政权击溃、瓦解和驱逐。从711年塔立克所率部队踏上伊比利亚半岛,到713年几乎半岛全境都控制在了他们手中。[1] 但是,在八世纪初,从713年开始这块富庶肥沃的土地被合并进了不断扩大的阿拉伯帝国的世界版图当中,阿拉伯倭马亚王朝的威权以及伊斯兰信仰也同时被引入欧洲的版图之上。阿拉伯人与西哥特人正面相遇,前者再次以迅雷不及掩耳之势将伊比利亚半岛绝大部分占为己有,将一路败退的西哥特人逼迫至半岛北端和比利牛斯山之间狭长、贫瘠且多山的地域。713—714年冬

---

[1] 夏霜、李福泉:《西班牙穆斯林的历史与现状》,《中国穆斯林》2014年第6期。

天，穆萨和塔里克袭击了萨拉戈萨及其他地方，然后遇到了强烈的抵抗，决定在伊比利亚半岛西北部的加利西亚和阿斯图里亚斯度过一年中剩下的时间。714年末，当塔里克和穆萨离开西班牙前往大马士革时，穆萨的儿子阿布达尔·阿兹兹留在塞维利亚负责新征服的领土。从此，伊比利亚半岛就进入了阿拉伯统治时期。从711年到750年，以塔立克和穆萨为先锋击溃了西哥特的统治，使得伊比利亚臣服于大马士革的倭马亚王朝权力之下，直到倭马亚王朝覆灭。之后，阿拉伯人在西班牙半岛征服的新的土地就叫作安达卢西亚，安达卢西亚特指半岛以内阿拉伯统治下的领土。安达卢西亚是阿拉伯帝国的一个行省。

（二）科尔多瓦政权的新生

在倭马亚王朝统治阿拉伯帝国一个世纪以后，随着帝国政府权力的增加，直到倭马亚王朝晚期，缺少能够支撑帝国行政有效的军事力量。从744年到750年，为了争夺哈里发的皇位，倭马亚王朝部落起义不断。747年以后，阿拔斯人周围聚集了很多不堪倭马亚王朝重税的农民，倭马亚王朝曾经允诺他们进行税收改革，但是却食言了，违背了之前的承诺。这样阿拔斯人的起义得到了很多人的支持，他们以三千奇异的士兵擒获了哈里发。747年6月9日，阿布穆斯林从呼罗珊崛起，成功地发起了反对倭马亚统治的公开起义。当敌对行动在梅尔夫正式开始时，将近10000名士兵在阿布穆斯林的指挥下。748年，卡塔巴将军跟随逃亡的总督纳斯尔·伊本·赛亚尔·韦斯特在戈尔甘战役，也就是纳河战役中击败倭马亚人。来自巴尔阿米的塔里克纳马的对开本，描绘了阿尔萨法赫在库法接受效忠誓言的情景。750年他在大扎布附近的战役中击败倭马亚人，随后被宣布为哈里发。之后，逃脱了阿拔斯家族的迫害和屠杀的前倭马亚王族的血脉拉赫曼亲王从北非地区和叙利亚部族当中征集前朝的移民和支持者，一路向伊比利亚半岛进发并在那里赶走了效忠阿拔斯王朝的省长，从而在伊比利亚掌权建立了科瓦多尔埃米尔国，继续着倭马亚王朝的统治，史称拉赫曼一世。这一时期一直持续到其转变成科瓦多尔哈里发国。[1]

自从750年拉赫曼一世带着他的家族成员到来后，倭马亚·埃米尔家族和哈里发一直试图建立一个对其个人忠诚的政权。拉赫曼一世的掌权不仅仅与巴格达新的统治王朝分道扬镳，同时也将安达卢西亚的统治权实现了基本统一，而不至于重演此前频繁更迭的政治局面。从929年开始到1031年，

---

[1] 王云龙：《穆斯林西班牙的文化成就》，《贵州社会科学》2013年第8期，第61页。

战功赫赫的拉赫曼三世自称哈里发,宣称为整个阿拉伯帝国的正统和权威,从而将安达卢西亚的历史从偏安一隅真正推进到了帝国时代,呈现了阿拉伯世界的三大政权三足鼎立、相互倾轧的政权阶段,直到两百多年后安达卢西亚统一政权由内而外地瓦解为若干个穆斯林小国,进入割据独立时期。在这样一个阿拉伯人称作安达卢西亚的地球的角落,欧洲大陆建立起了第一个阿拉伯-伊斯兰政权。安达卢西亚政权成功地在西班牙立足,保有自己的领土长达八个世纪,是阿拉伯所有杰出的政权中的一个。它还是欧洲互相融合的文明代表,是阿拉伯国家与欧洲国家交流的桥梁。

然而,处在欧洲土地上的科尔多瓦政权与比利牛斯山以北的法兰克王国以及其之后逐渐分化蜕变崛起的萨克森帝国之间在兵戎相见中也进行了友好互动。

(三)拉赫曼一世和三世对政权的经营

拉赫曼改善了安达卢西亚的基础设施。他确保道路开通,修建或改进了渡槽,并确保在他的首都科尔多瓦建造一座新清真寺,大约在公元786年,开始建造后来举世闻名的科尔多瓦大清真寺。他还建立了可靠的行政队伍并组织一支常备军。他感到不能总是依靠当地民众来提供一支忠诚的军队,因此从北非雇用了一支主要由柏柏尔人组成的庞大常备军。

可以说，拉赫曼一世在当时地中海复杂的局面中能够与查理曼、阿拔斯王朝对垒而存，足见他杰出的政治素养与管理能力。

拉赫曼三世执政的前20年避免了对北部基督教王国，如阿斯图里亚斯和纳瓦拉王国的军事行动。穆瓦拉德叛军是他面临的第一个问题。那些有势力的家族得到了伊比利亚人的支持，他们是公开或暗中的基督徒，并与叛乱分子一起行动，后者将保护他们免受阿拉伯贵族的侵害。另外一次较大的叛乱是哈夫苏尼德的叛乱，拉特曼对他发动了远征。这并没有使他分散对安达卢西亚其他地区的局势的注意力，安达卢西亚其他地区只是在名义上承认他，即使没有公开起义。

平定了这些叛乱之后，阿卜杜勒·拉赫曼三世认为自己已经足够强大，可以宣布自己为科尔多瓦的哈里发（929年1月16日），从而有效地打破了他对法蒂玛和阿拔斯·哈里发的忠诚。哈里发被认为只属于统治着麦加和麦地那圣城的皇帝，而他的祖先直到那时才对埃米尔的头衔感到满意。但是随着时间的流逝，这种传统的力量减弱了。而这个头衔使阿卜杜勒·拉赫曼（Abd al-Rahman）的声誉在伊比利亚和非洲都得到了提升。对于拉赫曼来说，哈里发的称呼意义非比寻常，他的祖先阿拔斯王朝的哈里发们曾经创造了伟大的帝国。而今他居于西南，远离阿拉伯政治中心，再次拥有这样的头衔，或许在彰显祖上的荣光。他的新哈里发力量的象征是权杖（jayzuran）和宝座（sarir）。宣称哈里发之后，拉赫曼三世南征北战，与法蒂玛王朝、北部基督教王国时有战争。为了应对法蒂玛王朝的攻势，拉赫曼下令在阿尔梅利亚建造了一支舰队。这时他与北部王国交好，全力对付法蒂玛王朝。当他于927年获得梅利利亚（Melilla），931年获得休达（Ceuta）和951年获得丹吉尔（Tangier）时，法蒂玛入侵的计划遭到了挫败。

拉赫曼三世时期的特点是与北非的柏柏尔部落、北部基督教王国以及与西法兰克、萨克森和拜占庭的外交关系不断增强。拉赫曼三世创造了科尔多瓦政权在十世纪的繁荣。961年，拉赫曼去世，其子哈基姆二世继位，继续他父亲对基督教国王和北非叛军的政策。其父亲统治时期的繁荣使哈基姆二世得以自己掌权。这种统治风格适合哈基姆二世，因为他更感兴趣的是他的学术和知识追求，而不仅仅是做哈里发。哈基姆二世统治时期，科尔多瓦政权处于知识和学术的顶峰，成就了帝国的文化繁荣。

科尔多瓦政权在十世纪基本上内政稳定。在拉赫曼三世强有力的统治能力之下，一片升平景象。其子统治时期进一步推动了科尔多瓦的文化繁荣。这都为科尔多瓦政权与拜占庭、萨克森等帝国的交流打下了良好的基础。

文明的裂变：中世纪早期地中海大碰撞

第五节　小结

　　七世纪以后，尤其是八、九世纪以来，伴随着罗马帝国的消亡，地中海周边不断有新的民族力量崛起。阿拉伯人、维京人、匈牙利人、斯拉夫人等民族不断地冲击着地中海残留的罗马帝国的废墟，最终催生出新的文明。阿拉伯人自七世纪下半叶冲出阿拉伯半岛，以势如破竹之势向东一路击败波斯，重创拜占庭帝国；向西与法兰克王国相碰撞，在732年普瓦提埃一役中受挫于查理·马特的抵御。阿拉伯人的刺激激励了法兰克内部的政治和军事调整，加洛林王朝取代墨洛温王朝统治法兰克王国，最终在查理·马特之孙查理曼时期走向帝国。

　　九世纪末十世纪初，自多瑙河流域兴起了匈牙利人，他们对欧洲东部进行了猛烈的攻击和劫掠，民众谈之色变。在匈牙利人的刺激下，在东法兰克五大公爵领的政治基础上，在加洛林王朝的废墟上于欧洲中部兴起了东法兰克－萨克森王朝。萨克森王室积极应对匈牙利人，将巴伐利亚纳入王室有效的统治，成为抵御匈牙利人的屏障；又在易北河修建诸多军事要塞，积极经营东部边疆，成为十世纪欧洲强有力的、相对集权式的政权，王权有效延续长达二百年。

第一章 八、九世纪地中海政治格局的变化

伴随着阿拉伯人的冲击，拜占庭帝国进入伊苏里亚王朝。伊苏里亚王朝最显著的特征就是"圣像破坏运动"的开展，一定程度上，"圣像破坏运动"是加强中央集权的重要运动，具有划时代的意义。"圣像破坏运动"结束之后，拜占庭就进入了辉煌的马其顿王朝。马其顿王朝显著的特征就是皇室权力的延续、中央集权的加强。从瓦西里一世开始，该王朝就开启了加强中央集权的进程，尤其是尼基福鲁斯二世和约翰·基米斯基将帝国的军事实力推向了顶峰。

另外，阿拉伯文明在欧洲的西南一角开出了灿烂之花，那就是科尔多瓦政权。倭马亚王朝被阿拔斯王朝推翻后，其后裔拉赫曼一世在比利牛斯半岛建立了科尔多瓦埃米尔国，史称"后倭马亚王朝"。拉赫曼三世开始自称哈里发。从拉赫曼一世到拉赫曼三世，科尔多瓦经过诸多的内部整合，最终走向了昌盛。

东法兰克-萨克森、拜占庭、后倭马亚王朝在一千年之交在地中海周边像不同区域的磁场，各自有自己的影响区域。这三大政权就像是地中海上的明珠熠熠生辉。同时，这三者之间互相交流，虽然在交流中时有碰撞，但不影响大的局势。他们在交流中互相借鉴，共同促进了双方的历史发展。

在拜占庭人和西方人眼里，他们是同宗同源的。拜占庭皇帝以罗马帝国的正统继承人自居。自君士坦丁大帝以来，

拜占庭人一直认为罗马帝国并没有灭亡，而是仍然存在。拜占庭和西方共同信仰着基督教。即使西方没有直接接受拜占庭的统治，他们之间的交流与联系也从来没有停止过，在频繁的交流中也时有碰撞。

无论是拜占庭还是西方，都曾经有过进行东西方统一联合的想法。查理曼大帝时期还有过通过联姻进行东西方统一的尝试，所以相对于其他政治中心的交流，拜占庭与西方的交流更为频繁和深入，影响也较为广泛与深刻。在不同的历史时期，有不同的交流方式；不同的历史时期，又有不同的交流主体；不同的历史时期，双方也有过不同的碰撞。八世纪以后，以加洛林与拜占庭的交流为主体。九世纪以后，直到一千年，是西欧历史发展的一个重要的时期。伴随着外部的民族冲击与内部的分裂，在加洛林的废墟上又成长出新的富有生命力的民族之花，西法兰克最终在十世纪中后期过渡到休·加佩王朝的统治；东法兰克由萨克森－奥托王朝取代，最终走向奥托帝国。十世纪以来，从集权制政权的角度来说，欧洲西方世界以萨克森为代表，东方世界以拜占庭帝国为代表。

第二章　西欧与拜占庭的交流与碰撞

第一节　语言与使节交流

在西方与拜占庭交流的过程中，语言交流与使节交流成为伴随双方关系和交流的首要特征。它们基本伴随着东西方关系和交流的始终。

伴随着西欧各个日耳曼民族政权的建立，东、西地中海之间及西欧与拜占庭之间的交往逐渐恢复。在七世纪初的时候，君士坦丁堡与罗马之间的关系还停留在君士坦丁一世时代的模式，罗马帝国还主宰着整个地中海世界。尽管由于蛮族入侵，西部罗马帝国衰亡，帝国的两个首都之间仍然遵循着四世纪的交流方式。

七世纪的交流首先就是媒介的交流，即语言的交流。东、西罗马帝国分离以后，随着不同语言环境的变化，西欧的官方语言还是拉丁语，拜占庭则是希腊语。当地中海东、西海岸的交流趋于正常之后，语言问题就成了首要的问题。当时很多去拜占庭旅行的人首先面对的就是语言的沟通问题。一些人准备旅行的时候，就要去上语言课程。当时还有一些希腊人做语言向导。还有一些西方人通过在拜占庭工作来学习语言，这样也可以将他们的语言知识传播给其他人。西欧的一些地方还居住着大量的说希腊语的人，他们要么是移民，

第二章 西欧与拜占庭的交流与碰撞

要么是威尼斯、西西里和南意大利的原住民。

说希腊语的人在西欧毕竟是稀少的。随着阿拉伯在东地中海的攻势，一些希腊人迁移到罗马，他们甚至在七世纪晚期和八世纪初主宰了罗马的市政理事会。他们讨论用的语言是希腊语，这就给一些讲拉丁语的参与者造成了不便和不适。并且当时罗马增加了很多说希腊语的修道院，七、八世纪的教皇正是从这些地方吸引了许多专家。期间还有一些民间的旅行者穿梭在拜占庭与西方之间。在九世纪末，阿纳斯塔修斯无疑是最著名的。869—870年，他被派往君士坦丁堡，以捍卫加洛林和教皇的利益。由于他对希腊语的了解，他将大量的希腊语翻译成拉丁语，以圣徒传记、神学著作、历史和教会委员会的文本而闻名。他还翻译了包含他任职期间在君士坦丁堡举行的会议决定的官方文本——他从拜占庭帝国带回了罗马。他用拉丁语翻译希腊材料，如时间记录，尤其是基于忏悔者的时间记录，从而提供了拜占庭帝国的相关历史。

语言是文化的传播媒介，语言象征着一个民族的思维方式。西方与拜占庭之间的语言交流，不仅为西方学习拜占庭文化提供了前提，更为当时双方官方的交流减少了障碍。语言的交流自身就是思想的碰撞与传输。双方了解了语言的含义，推动了使者之间更好地沟通。

从八世纪到十三世纪初，在拜占庭和西方之间，有许多充当政治代理人的大使和官方特使。他们代表着国外君主的利益，是政坛精英。他们通常与他们的统治者关系比较亲近，被认为是值得信赖的仆人。他们在传递政治或军事信息方面发挥了重要作用，这些信息至今仍可以在历史学家所依赖的资料中找到。如果我们考虑到他们暂时留在国外对知识和文化的影响，如果我们超越彼此频繁的文化批评，就会明晰大使们使拜占庭帝国及其西方邻国更为接近。

大使和外交是西方和拜占庭主要的渠道和沟通手段。外交促进了文化交流，至少参与者能够克服文化差异，虽然有时文化差异被描绘成不可调和的。官方使节在文化交流中发挥了重要作用。他们中的许多人都是学识广泛的人。宫廷人士、修道士、主教、教皇使节等都是双方使节中的主流。在拜占庭和西方之间存在着频繁的、大量的特使的旅行。

官方使者的旅行在中世纪早期和盛期占比最多。在中世纪鼎盛时期，使节的旅行次数最多。在对700—900年的详尽调查中，被证实的410次旅行中，177次是由大使进行的，在全部的旅行中占比43%。拜占庭在九世纪和十世纪对西方的政策，与其说是为了领土和边界利益，不如说是为了在地中海中部与阿拉伯人结盟。通过这些外交手段，意识形态上的挑战可以融入基督教罗马帝国君士坦丁继承人的传统而又充满活力的政治哲学中。边界是可以协商的，前提是入侵者

第二章 西欧与拜占庭的交流与碰撞

在其他方面对拜占庭世界的事物和价值观的认同更为重要。当然，西方与拜占庭之间也通过教皇作为中间的媒介了解双方的信息。教皇也经常给加洛林皇帝写信传达拜占庭在意大利南部的情况。教皇写信给加洛林皇帝谈到拜占庭在西西里的战略，告诉他拜占庭米哈伊尔一世已经退位，此外，他的妻子成了一名修女。这指的是813年夏天发生的事件，当时拜占庭军队被保加利亚人打败。事实上，皇帝米哈伊尔一世被立奥五世取代。

十世纪下半叶以来，拜占庭和西方的使节人数增加，增强了双方对彼此的了解，留特布兰德[1]就是其中的使节之一。他本人可能已经向拜占庭当局传递了政治信息。他可能是在949—950年的第一次任务中，向皇帝君士坦丁汇报了关于意大利王国内部的政治状况。正是在这一时期，皇帝在他的统治权中写了关于意大利北部家族的相关内容。因而，大使传达的政治信息较为普遍。同时文化上的交流也很丰富，还有一些来自西方的杰出知识分子出于外交原因留在了拜占庭。

---

[1] 留特布兰德（Liutpland）（920-972），意大利克雷蒙纳的主教。他出生在北意大利帕维亚（Pavia）的一个富裕的名门望族。他的家族成员都与当时意大利的王室有密切的关系。他的父亲曾经受到"阿尔勒"的雨果的派遣，于927年出使君士坦丁堡。他的继父也曾经出使君士坦丁堡。

使节是西方与拜占庭之间友好的传输者，甚至在某种程度上，他们是自己国家的象征和名片。本国的盛衰荣辱就体现在出使国对待使节的态度上，如留特布兰德就遭到过拜占庭皇帝尼基福鲁斯的冷遇。这是因为奥托一世与尼基福鲁斯在南意大利有着激烈的冲突。所以，对待使节的态度就成为国家利益交往之间的晴雨表。

第二节　加洛林与拜占庭的交流与冲突

（一）"圣像破坏运动"对东西方关系的影响

到了八世纪中期，拜占庭最重要的政治变化就是"圣像破坏运动"。我们在前面已经详细论述了"圣像破坏运动"。简单来说，"圣像破坏运动"由立奥三世开启，君士坦丁五世将其推向高潮。君士坦丁五世的儿子立奥四世继续推行破坏圣像的政策。其皇后伊琳尼则又组织召开第七次全基督教主教公会议，恢复圣像崇拜。伊琳尼倒台后，经过短暂的混乱和军人执政后，拜占庭进入阿莫利时期。阿莫利王朝的米哈伊尔二世继续推行破坏圣像的政策，之后到迪奥费罗斯皇帝时期，"圣像破坏运动"就走向了衰落。"圣像破坏运动"

持续了将近一个世纪。[1]"圣像破坏运动"在拜占庭内外产生了重要的影响，尤其刺激了本来就积怨已深的东西方教会。"圣像破坏运动"中罗马教会的反应为罗马教皇支持法兰克人做好了铺垫，此后造成了罗马教会与拜占庭之间关系的历史性退却。正是在"圣像破坏运动"时期，西欧与拜占庭进入了一个特殊的时期，先是伦巴第与拜占庭在北意大利的交锋，之后最终推动了加洛林的崛起。

拜占庭在打败东哥特人之后，几乎占领了意大利全境，重新确立了拜占庭对意大利的所有权。伦巴第人作为蛮族入侵时期的最后一支日耳曼人从多瑙河谷迁移到意大利半岛，受阻于东哥特王国。在东哥特王国衰落后，他们又迁移到意大利西南部，568年意大利伦巴第王国的建立标志着拜占庭-伦巴第战争的开始。六世纪，由于拜占庭难以兼顾东线和西线，伦巴第乘机几乎占领意大利全境，拜占庭只是控制着罗马和拉文那。

从568年开始直到加洛林的查理曼于774年打败他们，这期间伦巴第都是缓慢地、无规律地在北意大利扩张，最后占领思波莱托和贝内文托直至罗马的东部和南部。只有罗马城和帝国首都拉文那西北部的沿海地带和热那亚的西部没有

---

[1] 徐家玲：《拜占庭文明》，人民出版社，2006，第87-94页。

被伦巴第人占领。但当时拜占庭要先后应付波斯战争和阿拉伯战争，只好将精力放在东线。由于东线要求越来越多的人力和资源，拜占庭人不得不限制在意大利和西西里岛的军事行动，集中精力保护他们剩余的领土。674年，阿拉伯军队到达了君士坦丁堡的城墙，并包围了这座城市5年，但从未能设法占领过它。包括伦巴第人在内的许多西方人都称赞了皇帝对首都的坚定防御。伦巴第王国和拜占庭帝国可能是为了表示对保护基督教世界的一致，在680年签署了正式条约。与此同时，阿拉伯军队继续在中东和北非向前推进。拜占庭在意大利的领土也相继落入伦巴第人之手。因为即使王国已经休战，南方的自治公国也继续推进，几乎将那不勒斯与罗马分开，将拜占庭人推到奥特兰托附近的南部海岸。到了八世纪中期，伦巴第人发起了新的攻势，伦巴第人占领拉文那，并且迫近罗马城，给罗马造成了极大的压力，伦巴第已经几乎主宰了整个半岛的西北部。751年，伦巴第人又占领了拉文那，并杀死了拜占庭在拉文那的总督，彻底地、永久地将拜占庭人从意大利北部移出。伦巴第人最重要的遗产是把拜占庭人赶出北意大利，这样法兰克人和教皇就可以建立一个新的罗马日耳曼基督教帝国。在六世纪和七世纪的大部分时间里，君士坦丁堡和罗马之间的关系就是在这样持续的战争背景下发生的。但是罗马和拜占庭的关系却因"圣像破坏运动"变得非常紧张。"圣像破坏运动"刚刚开始,罗马教皇反对"圣像破坏运动",罗马主教与帝国教会政策不一致。731年,格雷高利三世召集罗马会议谴责圣像,罗马和拜占庭的正常关系结束。罗马的主教们谴责东部首都采用的打破传统的政策,这导致旧罗马和新罗马之间的矛盾加深。731年,罗马教皇格里高利三世召开宗教会议,谴责拜占庭皇帝单方面强加的创新。而在"圣像破坏运动"的第二阶段,圣像的支持者们还寻求了罗马的支持。宗教上的对立导致人们决定让阿尔卑斯山北部的军队来保卫罗马。

当罗马越来越受到在意大利北部的伦巴第人的威胁时,罗马主教却丧失了向拜占庭皇帝寻求支持的希望。教皇斯蒂芬三世周围围着丕平派往罗马城的使者,他们与教皇一起北上。他们中间有美因茨的主教科洛德冈,他是这个时代最为著名的宗教人士。他将陪同教皇一起去法兰克,当法兰克的丕平得知教皇亲自来了的消息,首先派他的儿子查理去见教皇。他自己和他的妻子、贵族们从佩蒂翁王室远迎三英里迎接教宗。丕平见到教皇之后,立即下马,匍匐在教皇面前,走到教皇旁边做教皇的马夫。754年7月6日,他们一起到达宫殿,教皇眼含泪水,恳求丕平处理圣彼得和罗马共和国的事务。丕平立即发誓,他们签订了神圣的条约,丕平发誓一定完成教皇的心愿,尽他最大的能力来对待执政官和共和国，将伦巴第人最近占领的土地归还给罗马教皇。这就是著名的"丕平献土"。至此，罗马教皇成功地脱离拜占庭的保护，寻找到了新的保护人。

在向丕平表达诉求的时候，斯蒂芬谈到保卫罗马城，意在保护圣彼得和罗马共和国的事务。这说明在斯蒂芬心里，已经把罗马作为一个独立的政治实体来看待。罗马在伦巴第入侵和"圣像破坏运动"的间隙中找到了自己的保护人。加洛林政权崛起，成为之后一个半世纪与拜占庭交往的主体。754 年，斯蒂芬为丕平和他的两个儿子加冕为法兰克君王，并且宣称他们为罗马贵族。斯蒂芬甚至阻止任何非丕平血统的人做法兰克国王，并任命美因茨的克罗德冈为使徒使节。从斯蒂芬为丕平加冕的细节来看，更像是为丕平家族成为法兰克的正经主人涂上了一层神圣的外衣，为加洛林在法兰克的统治正名。通过 754 年教皇的祝圣，丕平的权威大大增强，双方团结在对立的精神纽带中，斯蒂芬接受了丕平的儿子卡罗曼和查尔斯作为他的精神上的儿子。也就是说，加洛林丕平家族对于法兰克的统治是名正言顺的，因为有教皇神圣的支持。但从中也可以看出西欧君主与教皇相互利用的关系，为以后的矛盾埋下了伏笔。

同时，西欧与拜占庭的交往也进入了新的加洛林时代。加洛林王朝正式进入与拜占庭交往的历史舞台。法兰克人作

第二章　西欧与拜占庭的交流与碰撞

为国际关系中的重要力量成为三角关系的一角,即基督教世界的罗马教皇、法兰克人、拜占庭之间的三角关系。虽然这条界线经常被打破,但任命一个在法兰克的罗马代表的概念在九世纪植根于亚琛宫廷的固定地位。通过这种方式,罗马与东帝国的旧结构联系被转移,并逐渐转移到法兰克人的西方势力中。因此,它取代拜占庭,成为罗马主教的世俗保护者。

到八世纪中期,君士坦丁堡和罗马之间的关系已经改变。罗马教皇建立了一种与拜占庭皇帝截然不同的政教关系,不再听从拜占庭皇帝。查士丁尼之后的时代,罗马的主教们为统治的皇帝祈祷,以公共肖像和罗马铸造的硬币来纪念他的肖像,注明他担任执政官或帝国统治的文件。相比之下,教皇现在称法兰克统治者为"共同的精神之父",指的是教皇斯蒂芬二世和丕平三世之间建立的关系,罗马主教成为法兰克国王子女的教父。它象征着法兰克人取代了拜占庭在罗马的世俗统治。

经过几个世纪的碰撞,教皇和西方主教脱离了君士坦丁堡的政治统治,并在800年加冕了他们自己的皇帝——查理曼大帝。这位伟大的法兰克统治者在774年征服了伦巴第王国,并与教皇一起与君士坦丁堡的拜占庭皇帝相抗衡。罗马教皇与法兰克的结盟结束了罗马教皇与拜占庭结盟的传统,开创了一个新的法兰克加洛林诸帝主宰西地中海的时代,开创了加洛林与拜占庭交往的时代,这一根本性的改变开启了法兰克人发挥决定性作用的时期。

西欧的七世纪到十一世纪早期是由加洛林家族以及他们的后代领导的帝国扩张主导的,加洛林的统治者们查理·马特、丕平三世、查理曼领导了法兰克的一系列扩张,阿勒曼尼亚、弗里西亚、阿基坦、北意大利的伦巴第王国、塞蒂马尼亚、巴伐利亚、萨克森、布列塔尼都加入了法兰克的中心——高卢来,创造了一个大的帝国。从754年"丕平献土"[1]到800年查理曼加冕,皇帝成为教皇和基督教世界的保护人,尤其是对意大利以及罗马的保护。查理曼的加冕标志着西方与拜占庭之间的统一与联合只能成为假设。在查理曼之前,西方的统治者也在考虑与拜占庭联合的问题,查理曼在罗马加冕之后,就开启了帝国权威唯一性的争论,这种争论持续了很长时间。罗马是古代罗马帝国的首都,罗马帝国则是法兰克帝国统治者们的向往。作为一个政治实体,法兰克帝国不仅仅是简单地模仿古代罗马帝国,也不仅仅是在古代罗马帝国的西欧部分进行疆域的重建。它是罗马帝国在新时期的发展,尤其是基督教皇帝君士坦丁和赛奥多西,这两位皇帝强烈刺

---

[1] 丕平献土,指的是754年教皇斯蒂芬二世为了寻求丕平的帮助以抵御伦巴第人的袭击,就加冕丕平为王,取代了墨洛温王朝。丕平打败伦巴第人,奠定了中世纪教皇国的基础。

激了法兰克帝国统治者们的野心。历史地看,在这一时期,拜占庭帝国在西方的统治威望的丧失要比在亚洲和巴尔干地区的军事失败重要得多,因为西方兴起了一个大的帝国以及一些自称是基督教世界保护人的君主。

在拜占庭历史上,无论任何时期,拜占庭人始终认为他们自己是罗马帝国的继承人,从未放弃恢复古代罗马帝国的梦想。在拜占庭人眼里,查理曼是篡位者,是非法占有拜占庭帝国领土的下等人。拜占庭帝国拒绝查理曼的皇帝称号,只是称他为国王。这显然是法兰克西部和拜占庭之间建立的权力关系的动荡,后者不得不将法兰克人获得帝国头衔解释为一种篡夺。因此,希腊人不得不认为法兰克人的策略是对其霸权的公开挑战。从爱因哈德的报告中可以推断出,查理曼的帝国头衔进一步加剧了东西方之间紧张的关系。直到812年,伊琳尼的继任者们有意通过保护西部边境来稳定自己不稳定的统治,查理曼自己的目标则是确保帝国的继承权。二者各有所需,局面暂时缓和。

总之,"圣像破坏运动"对东西方的关系产生了重要影响,导致罗马教皇与加洛林王权的联合,挑战拜占庭在西方的霸权。加洛林霸权的崛起使得拜占庭不得不正视西方发生的政治变化,进而调整自己的外交策略和交流方式。

第三节　双方的婚姻交流

八、九、十世纪拜占庭与西方之间的婚姻交流是这一时期重要的交流方式。对于拜占庭来说，婚姻往往被单独挑选出来，单独研究，被视为拜占庭外交的支柱。伴随着国家政治中的外交关系，似乎意味着与外国人结成的婚姻联盟与在国内缔结的婚姻联盟有着内在的外交或政治关系。婚姻服务于帝国的需要，这就涉及双方对待婚姻的态度。

（一）双方的联姻态度

950年，拜占庭皇帝君士坦丁七世[1]在他的《帝国政府》(*De Administrando Imperio*) 中严肃告诫他的儿子和后人："如果那些北部的、异教的、不忠诚的部落中的民族向罗马人的皇帝请求联姻，他们要么要求娶皇帝的女儿为妻，要么将他们的女儿嫁给皇帝或者嫁给皇帝的儿子。那就用下面的话来

---

[1] 君士坦丁七世（Constantine VII Porphyrogennetos)(905-959)，拜占庭皇帝，其名著《帝国政府》(*De Administrando Imperio*) 是关于如何治理国家内政以及与外部敌人对抗的政治性著作。cf.https：//en.wikipedia.org/wiki/Constantine_VII, 2018年12月21日。

第二章 西欧与拜占庭的交流与碰撞

回绝他们。"在圣索菲亚大教堂的普世教会的神圣的桌子上雕刻着关于这件事令人讨厌的关于讨价还价的条例。这些条例表明,没有一个罗马皇帝会选择与自己民族习惯相异和与罗马制度相异的民族联姻,尤其是那些异教的和未受洗的民族。除非他们是法兰克人。因为神圣的君士坦丁大帝另眼看待他们,他从法兰克人中寻找自己的祖先。在法兰克人与罗马人之间一直存在着交流。那么为什么他单单允许罗马皇帝可以与法兰克人联姻呢,因为他们是那些土地上的名门望族。但是罗马皇帝没有权力与非法兰克人联姻,胆敢这样做的,就会遭到像谴责异邦人一样的谴责以及诅咒。那么他就是祖先律法和帝国制度的背叛者。"在拜占庭帝国十世纪中期的外交备忘录里,罗列着与其他民族君主交往的准则,高卢和巴伐利亚以及萨克森一样被拜占庭视为"精神上的兄弟"。这是拜占庭人对待对外联姻的基本态度。在君士坦丁七世之后,与西方人的联姻仍然是最常见的,在十二世纪达到顶峰。如前所述,从立奥四世和法兰克的丕平三世的女儿在八世纪缔结的婚姻到十世纪,大约缔结了十桩婚姻,其中有三桩成功的婚姻。

因此,有人认为,与其他婚姻相比,这些婚姻是如此普遍,以至于君士坦丁必须制定一项特殊规定,向外国人证明这些婚姻是正当的。甚至君士坦丁自己也不能反对与西方的联姻,因为他的儿子罗曼努斯二世娶了意大利雨果的女儿伯莎,他的父亲立奥四世曾经将他的同父异母的妹妹嫁给了西方人。与西方的大量婚姻联盟也可以从其他可利用的建立血缘关系的手段中得到更好的理解。拜占庭皇帝对西方统治者子女的赞助实际上被排除在外,因为将西方统治者的孩子带到君士坦丁堡是困难和不切实际的。武装领养是与西方人签订的另一种亲属联盟形式,但这显然在适用性上受到限制,似乎很少使用。因此,王朝婚姻实际上是拜占庭与西方人结盟的唯一亲属关系形式,还是拜占庭外交战略的重要组成部分。所有拜占庭公主都被期望代表一些超越他们自己家族的利益。她们必须在帝国发展的外交体系中履行自己指定的角色。如后来成为奥托二世皇后的赛奥法诺就是这样,她和之前以及之后的其他人一样,在拜占庭帝国外交关系中发挥了重要作用。在十世纪下半叶,她的政治能力也同样受到了外交需要和政治目的的影响。

在中世纪欧洲婚姻史上,王室联姻是联姻的一种重要表现形式。它是两个不同的民族或者国家成员之间的婚姻或者联合,或国家内部的两个权力集团之间的婚姻或联合。联姻就是财产权利或者政治权力的结合。尤其在中世纪的欧洲,王室家族从不同的角度看待婚姻,他们考虑得更多的是政治的或者其他的非感情因素,配偶的财富和权力则是必须考虑

第二章 西欧与拜占庭的交流与碰撞

的因素。这就关系到婚姻中妇女对于地产的继承。当时也很少有家庭能够排除女儿去继承家族的自留地,因而婚姻家庭中妇女对土地等财产的继承是中世纪财富流动的重要途径。基本上从十世纪开始,贵族经营大量地产。他们有时通过征服,但更多的是通过婚姻和血缘继承拥有更多的地产。通过这些财富的流通,他们扩大和增强了社会权力。财产在新娘和新郎之间转移,最终在他们各自所在的家族之间转移。对于骑士或者男爵,以及对于王公本身,结婚是一种政治行为,是一种借新的婚姻来扩大自己势力的机会。婚姻保证了女性在男性世界的秩序性分配。婚姻建立了亲属关系,是物质和精神的汇合点,它规范着财富从这一代到那一代的传承。没有婚姻关系也就没有亲属关系、财产关系。总之,数百年来,欧洲的统治者们出于政治的、经济的或者外交的原因而联姻的模式一直存在。贵族之间以及王室之间的联姻非常普遍,因为对于城堡主和骑士(他们的财富不仅来自战利品,还来自领主权[1]）来说，婚姻比血缘和联盟更有保障。他们的婚姻似乎是个人因素与政治原因的特别的结合，但考虑得更多的是政治原因。这种封建式的联姻是为了保障继承人的继承权，开启或者强化联盟，以带来和平。当时，亲属关系和大家族之间的联姻，而不是政府机构，主导着十世纪的世界。至少在十世纪和十一世纪，有权势的贵族在安排孩子的婚姻

---

[1] 领主权(Lordship)在这里指欧洲中世纪的领主权。国际著名的中世纪史学家托马斯·N.比森(Thomas N.Bisson)在《中世纪的领主权》(Medieval Lordship)一文中认为，领主权容易被同化在王权或者封建主义之下。而领主权深深地植根于中世纪开始阶段的罗马法律和圣经文化之中；它从日耳曼亲兵队的动力中生长出新的生命，随着制约性保有权制度的繁殖而繁盛，且作为精英身份与特权的一种构成而顽强地存留着。在这一历史中，两类情景促成了它的基本转变：基督教从狂热迷信向文化的演进，特别是在后加洛林的诸世纪中；具有领主权手段的强权人物的倍增。此后，第三个因素对领主权的长存发挥了作用：在中世纪晚期，它与贵族身份一致。比森认为尤其是在西法兰克，封臣制为创造新土地财富提供了一种受欢迎的手段，而这意味着领主权的猛增。领主权含有臣服的含义以及权力，附加有人身的甚至是专横的统治。各个层次的领主的侍从都拥有权力，该权力本质上属于领主，只有在其主人的领主权下被任命和分享。并不是所有的侍从都可以获得领主权。通向领主权之路在于为领主服役，而且最好是为贵族等级的领主服役。领主权在中世纪晚期慢慢与贵族身份融合，真正证明一个人能够进行合格统治的是出身和家族这样的观念增强并且传播开来。贵族的身份赋予了领主权高贵和尊严。

时会认真关注血缘关系。在十世纪末和十一世纪,他们多次试图寻找并娶合适的高级女性,但避开表兄妹关系。他们认为必须与皇室血统的女性结婚,但他们小心翼翼地避免娶邻近国王的女儿,这是一个明智的选择,因为他们与她们关系太密切了。即使当这些国王试图为自己寻找皇家的公主,他们也开始把他们王室的公主嫁给出身不是皇家的男人,以规避血缘关系。

(二)加洛林与拜占庭之间的婚姻交流

773年、774年,法兰克人再次出兵意大利保护教皇,拜占庭皇帝意识到了法兰克力量的增长,与法兰克进行正式交往在所难免。双方开始互派使节,互赠礼物。八世纪东西方的一场联姻对于拜占庭来说实际上是一种制衡法兰克和罗马教皇势力的策略。这是根据对外关系中的实际状况进行的外交调适。同时,拜占庭人对于同外国缔结婚姻向来比较慎重,帝国的联姻观念是冷静而实用的,更多的是从贵族女性的地位以及双方的政治优势来考量,而忽视女性的个人选择,服从于国家的意识形态,尤其是当帝国遭到周边强敌的威胁时或者出于外交上的需要时。拜占庭在对外交往中出于帝国利益的实用性,对外交流的方式、外交政策非常灵活。但是这时拜占庭在西方交往的主角还不是法兰克,因为伦巴第对意大利南部的威胁仍然存在，丕平时期，法兰克与罗马的结盟，在客观上进一步孤立了拜占庭。伴随着法兰克与拜占庭内部的政治变化，双方的交往进入了一个新的阶段。

拜占庭未来的皇帝立奥以及丕平的女儿吉塞拉发起了一场坚决的颠覆法兰克-教皇协议的外交运动。与此同时，罗马因没有再执行帝国的路线而被故意忽视。如果这一顺序是正确的，这两个外交倡议代表了拜占庭最不寻常的一步。

另外，求婚提供了一种更亲密的联系，以前只延伸到哈扎尔人，当时他们的军事援助对查士丁尼二世是必要的。因此，法兰克人被承诺纳入所谓的拜占庭皇室家族，这也是第一次提出这样的提议。这造成了对帝国传统的背离，是赢得法兰克人所做的前所未有的努力。

这时拜占庭立奥四世去世，君士坦丁六世继位，其母伊琳尼摄政。781年，伊琳尼恢复了婚姻联盟，建议君士坦丁和查理的女儿罗特鲁德联姻。但是它只是在当时谈到的一种在未来的某一天会发生的联盟，拜占庭预期的新娘是十岁，而当时的法兰克公主年仅八岁。这种联盟相当壮观，从来没有罗马的皇帝与法兰克国王结盟，查理曼接受了联盟的邀请，拜占庭皇室派了伊莱索斯去法兰克王室以希腊人的方式教导未来的拜占庭皇后，拜占庭和法兰克维持了暂时的和平。但是好景不长，东西方的政治变化进一步恶化了东西方关系。

第二章　西欧与拜占庭的交流与碰撞

而这时，因为个人的婚姻问题，皇帝与母亲发生了争端，再者还有统治权的矛盾，伊琳尼要求把自己的名字排在儿子君士坦丁六世之前。为了君士坦丁的利益，有人提议把皇后驱逐到西西里，最终没有达成，又引起了支持君士坦丁的亚美尼亚军队的暴动。但是民众对君士坦丁六世在保加利亚战争和萨拉森人战争中的无能很失望，甚至怀疑他是否具备一个士兵的基本品质。而君士坦丁六世不满意母亲安排的婚姻，非要与一个叫赛奥托特的宫女结婚，政界对君士坦丁的作为并不赞成，君士坦丁六世又因通奸理论受到宗教界的指责。而伊琳尼对君士坦丁的阴谋达到了顶点，即796年，她以最坏的、可能的方式代表她的儿子，并以慷慨的贿赂，组成了一个反对他的民事和军事党派。6月，他向东方出发，但再次遭到背叛的困扰，被抓获并关在紫宫中。797年8月15日星期二下午3点，在他母亲的命令下，他的眼睛被刺瞎，不久之后就死了。这时，帝国权力就转移到他母亲伊琳尼手中。

而西欧则是查理曼继承了丕平的王位。通过一系列征服战争，吞并伦巴第、巴伐利亚、萨克森，无论在东方还是法兰克的南方，查理曼大帝建立了一个西方的帝国。罗马教会的斯蒂芬三世的继任者们继续坚持前任与法兰克结盟的政策，最终查理曼由教皇立奥三世加冕。在800年的圣诞节，法兰克国王查理曼，神圣罗马帝国的皇帝，由教皇立奥三世

（795—816）加冕。在罗马圣彼得大教堂中，罗马人民欢呼，伟大而和平的皇帝，最虔诚的奥古斯都加冕。在三次公告后，国王被教皇以古代王族的方式崇拜。加冕典礼后，教皇在罗马公国的霸权仍然完好无损，但承认法兰克人的保护和加洛林人的霸权。查理曼的加冕造就了神圣罗马帝国，直到1806年。

对查理曼大帝来说，加冕典礼满足了他的帝国野心，他想通过加冕与拜占庭平起平坐。对于法兰克、罗马、拜占庭的外交来说，查理曼加冕更加意味着罗马对于法兰克保护权的确认，也是罗马对拜占庭的进一步远离。但是或许还有钻一个空子的嫌疑，因为当时伊琳尼是拜占庭的统治者。其实这是罗马与拜占庭关系的进一步恶化。在罗马与拜占庭的逐渐疏离中，崛起了法兰克王权，查理曼帝国逐渐成为西方世俗政权的代表。罗马教皇需要这样一位世俗政权的保护者去维护他，毕竟在教义上，罗马与君士坦丁堡有着重大分歧。查理曼不仅是被赋予巨大政治权力的国王，他还用他的资源为他的信仰服务。查理曼也宣誓在神的仁慈的帮助下，他有责任用武器保护基督的神圣教会免受异教徒的各种攻击和异教徒的毁灭，并在内心通过传播对基督教信仰的知识来巩固她。如果说拜占庭皇帝是东部教会的保护者的话，那么现在罗马教皇通过加冕查理曼为罗马皇帝，为自己寻找和确定了

第二章 西欧与拜占庭的交流与碰撞

一个与东部抗衡的帝国作为自己的保护者。伊琳尼作为女性当政也成为罗马教皇从对拜占庭政府的臣服中脱离出来的理由。同时,查理曼加冕是一个划时代的分水岭和中世纪早期的潜在起点。现代历史学家认为查理曼大帝的加冕不仅是他自己统治的高潮,也是一个长期解放过程的高潮。在法兰克人指挥下,野蛮人的西部建立了新的政治权力,对抗当时的主要权力实体:罗马教皇和拜占庭帝国。到了八世纪,他们都遭受了内部斗争和外部异教徒的持续攻击,如保加利亚人、阿瓦尔人和萨拉逊人。另一方面,君士坦丁堡和罗马捍卫了它们作为基督教世界中心的地位。

然而,教皇在君士坦丁堡皇帝那里所享有的高度尊重,与他们实际可以行使的实用主义的权力是相矛盾的。787年伊琳尼重新召开尼西亚宗教会议,恢复圣像崇拜,但是并没有邀请查理曼参加,罗马教皇的代表参加了。为了回击拜占庭组织的会议以及拜占庭对查理曼的漠视,查理曼组织了法兰克福会议,法兰克的教士和教皇代表、英格兰的代表、查理曼提出了几个问题,包括法兰克王国内部的改革等。国王继续对这些问题做出决定,从而挑战伊琳尼的自命不凡。对拜占庭来说,法兰克-教皇联盟不仅仅是一种进攻性的篡夺,它也开创了一个先例,承认西部帝国与拜占庭的平等地位。

因而,拜占庭唯一一位以皇帝自称的女皇伊琳尼执掌帝国,加洛林则是由雄才大略的皇帝查理曼掌舵。或许这是历史给予伟大人物统一的最好时机。查理曼大帝曾试图娶伊琳尼为妻,但由于拜占庭突发宫廷政变,伊琳尼遭到流放。联姻最终没有实现,统一也就幻梦成空。

伊苏里亚王朝结束之后,米哈伊尔一世准备让长子娶法兰克帝国的公主为妻,而当法兰克的代表到达君士坦丁堡后,拜占庭帝位更迭,皇帝已经是立奥五世了。在他们返回法兰克之前,查理曼也过世了。此次联姻也未能实现。由于阿拉伯人的进犯,战事吃紧。为联合力量抗敌,阿莫利王朝皇帝狄奥斐卢斯准备让拜占庭公主嫁给洛退尔一世的儿子路易二世。这是拜占庭皇室与法兰克帝国"虔诚者"路易以及他的儿子洛退尔一世之间的外交合作。然而,随着狄奥斐卢斯于842年去世,此事也不了了之。当南意大利再次遭到阿拉伯威胁的时候,瓦西里一世准备让自己的儿子——共治皇帝君士坦丁娶路易二世的女儿为妻。而随着路易二世在871年占领巴里(Bari),声称自己不仅是法兰克人皇帝,也是罗马人的皇帝,引起瓦西里一世的强烈反对。双方的外交因此中断。

在马其顿王朝,拜占庭与西方的婚姻交流进入了一个相对频繁的阶段。并且与前一个时代相比,在一千年前后的几代人中,周边民族对于和拜占庭皇室的妇女或更普遍地与宫廷妇女建立婚姻关系有着浓厚的兴趣。大约一千年前的人们所记录的关于皇室或宫廷婚姻的外交交流数量比早期记录的要多。

第四节　意大利政治变化的影响

十世纪意大利政治形势的变化主要影响到萨克森和拜占庭之间的关系。萨克森与拜占庭最重要的还有在皇帝称号方面的冲突。在西欧中世纪史上，有两次著名的有着深远意义的加冕：一次是 800 年查理曼大帝的加冕，一次是 962 年萨克森国王奥托一世的加冕。这两次加冕称帝都涉及一个重要的问题，那就是究竟是西欧的皇帝还是拜占庭的皇帝是罗马帝国的继承人。在当时，就是帝号之争，也是罗马的荣耀之争。

西欧七世纪到十一世纪早期是由加洛林家族以及他们的后代领导的法兰克的扩张主导的。962 年奥托一世的加冕与加洛林的统治者们何其相似。当贝伦加尔和他的儿子阿达尔伯特在意大利的统治威胁到教皇统治的时候，当时的教皇约翰十二世（John XII）邀请奥托去解救生活在贝伦加尔和阿达尔伯特暴政之下的教会与教皇。意大利的权力和意大利内部对于教皇职位的威胁之间的平衡被打破，这就为奥托加冕称帝提供了机会。正像他的加洛林前辈们丕平和查理曼对教皇斯蒂芬二世（Stephen II）、哈德里安一世（Hadrian I）和立奥三世（Leo III）的求援所做出的反应一样，奥托回应了约翰十二世的求助。去意大利之前，他安排好了自己不在王国时的一切事宜，确定王位继承人，加冕他的儿子奥托二世成为共治的国王。962年，奥托接受了约翰十二世的加冕，成为神圣罗马帝国皇帝。随后教皇同意奥托在马格德堡设立主教，允许奥托在新征服的斯拉夫人地区设立教会。而奥托则进一步确认754年的"丕平献土"，以及其他的加洛林统治者们允诺给教皇和罗马教会的特权。但是奥托的神圣罗马帝国的皇帝称号远远不同于查理曼，这也是他进军进而争夺意大利的一个原因。

在奥托看来，在意大利拥有更为实际的个人利益远远大于他心中的榜样——查理曼大帝曾经得到的教皇邀请所带来的诱惑。因为奥托的家族起源无异于东法兰克的其他家族，他们缺乏加洛林神圣血统，缺乏从加洛林继承下来的继承权。尽管他们通过不同的神圣措施来强化他们的地位，让他们变成所谓的神圣皇帝，然而他们的权力仍然是靠军事和灵敏的政治技巧所支撑的。

简而言之，奥托的帝王称号还不够神圣。从奥托一世的父亲海因里希一世开始，萨克森一直在寻求能够在意大利获

第二章　西欧与拜占庭的交流与碰撞

得权力的机会，以增强萨克森王权的神圣性。因为拥有皇帝的称号就意味着对《凡尔登条约》签订以来的中王国的占有。而如果没有实质的政治权力，对于意大利、勃艮第和洛林的占有只是徒有虚名。自《凡尔登条约》以来，每一个统治者都试图在中王国建立权威，重新统一意大利、勃艮第和洛林。皇帝的头衔就是对这种霸权的重新确认，不仅仅是针对意大利，也针对伦巴第内部的王位，甚至是中王国的所有领土，这是萨克森霸权的象征。因此，争夺南意大利是萨克森帝国皇帝的应有之义。

正像八世纪和九世纪初期的加洛林帝国是由军事征服和短暂的忠诚以及向心力的影响和伊斯兰威胁所形成的一样，九世纪末期到十世纪上半叶，由法兰克帝国东部发展而来的东法兰克-萨克森王国也面临着马扎尔人以及斯拉夫人的威胁。萨克森王权就是在抵御马扎尔人的侵扰中建立起来的，前面已有论述。从这个意义上来说，它是一个军事政权。这个军事政权的基础就是法兰克帝国的军事征服。法兰克的军事征服在九世纪停滞之后，帝国就走向了衰落。萨克森帝国就是法兰克帝国军事成功的受益者。又由于从海因里希一世开始，地方公爵不断叛乱，萨克森的统治者们视军事实力为王朝的支柱。

总而言之，萨克森帝国像法兰克帝国一样，继承了对皇帝称号的追求和对军事实力的迷恋。对于南意大利的争夺就是这样的追求之下的缩影。

这时意大利在拜占庭的地位则是另外一番景象。自查士丁尼（Justinian）再征服[1]以来直至十一世纪晚期的诺曼征服，南意大利地区几乎一直备受冷落。君士坦丁堡的帝国政府只是偶尔地才会关心这个地区。尽管拜占庭帝国想维持甚至扩大他们在南意大利的控制，但其重要性与东部的小亚细亚边疆以及色雷斯或者在地中海抗击伊斯兰的海军远远不能相提并论。实际上，相比较而言，南意大利在领土大小方面不占优势。只是到了尼基福鲁斯二世时期，它才开始变得重要起来。尼基福鲁斯二世发动了对西西里的远征，虽然没有成功，但在961年恢复了克里特岛。一旦西西里远征失败，唇亡齿寒，南意大利也将面临阿拉伯海盗的威胁。在尼基福鲁斯二世心里，如果在他统治期间，拜占庭帝国要向萨拉森人纳贡的话，将是非常丢脸的。此时，帝国才开始重视南意大利的战略地

---

[1] 查士丁尼(Justinian)(527-565)，拜占庭帝国皇帝。他在位时期，意大利已经被蛮族占领。但当时的拜占庭帝国仍保持着罗马帝国的帝国观念，尽管日耳曼人征服了西方，拜占庭皇帝仍然是罗马人的皇帝。查士丁尼认为，恢复罗马帝国的领土是皇帝的义务，从蛮族手中夺回罗马人的土地、恢复古代罗马帝国的疆域是皇帝神圣的使命，查士丁尼时期的整个政策就是围绕着这一使命展开的。他在位期间，发动汪达尔战争收复了北非，发动东哥特战争收复了意大利的大部分地区。

第二章　西欧与拜占庭的交流与碰撞

位。

而奥托一世与阿德尔海德的婚姻促使他开始关注意大利的局势。946年，来自英格兰王室的奥托的第一任王后伊迪丝去世。在鳏居五年后，奥托与勃艮第的阿德尔海德结婚。而他们的儿子就是奥托二世。阿德尔海德来自勃艮第王室家族，该家族与普罗旺斯王室有姻亲关系。她的祖先向上追溯至少三代或者四代则来自"虔诚者"路易的女儿吉塞拉。阿德尔海德的父亲勃艮第国王鲁道夫二世[1]于937年去世后，后来成为意大利国王"阿尔勒"的雨果娶了阿德尔海德的母亲伯莎，获得了勃艮第王位。之后她和他的母亲被送往帕维亚宫廷，她则被许配给她的继兄弟洛退尔——未来的意大利国王。

而阿德尔海德的弟弟康拉德最终在奥托一世的保护下继承勃艮第王位，康拉德的妻子是来自西法兰克的路易四世与奥托一世的姐姐伯格加的女儿马蒂尔德。950年，阿德尔海德的丈夫洛退尔意外身亡。奥托王室在西法兰克、意大利的影响力伴随着姻亲关系开始增强。伴随着雨果与洛退尔的去世，北意大利处于政治真空时期。然而，北意大利局势并不

---

[1] 鲁道夫二世 (Rudolf II, 912–937), 843年《凡尔登条约》之后的中王国的北意大利勃艮第国王，922年，在帕维亚称帝。

稳定。来自伊芙雷亚的贝伦加尔[1]早在雨果时期就开始争夺意大利王位。为了意大利王位以及富饶的帕维亚和伦巴第平原，他一直在铤而走险。最终，在951年至952年，北意大利就开始从属于贝伦加尔，他开始威胁到罗马。同时，他又囚禁了阿德尔海德。951年，奥托一世开始远征意大利。他将阿德尔海德救出，与她结婚，控制了北意大利局面。而这时，教皇向奥托一世求救，以解除贝伦加尔对教皇国的威胁。

最终，奥托迫使贝伦加尔臣服。接着他开始将后来成为罗马教会教产的南意大利与帝国利益联系起来，在罗马城和罗马教皇那里得到更多的权力。962年，奥托一世加冕为神圣罗马帝国皇帝。就是这样，神圣罗马帝国开始了和拜占庭帝国在皇帝称号和实际土地利益方面的争夺，因为南意大利在当时还属于拜占庭帝国。尼基弗鲁斯·福卡斯也明确想俘获贝内文托和卡普亚的伦巴第王室。同样，奥托想用与拜占庭帝国联姻的方式来获得利益并解决争端。这是与拜占庭建立正在进行的外交联盟努力的一部分。和所有中世纪外交活动一样，政治考虑和目标都是最重要的。在这个过程中，成

---

[1] 贝伦加尔(Berengar)，意大利伊夫雷亚地区兴起的侯爵，通过他的妻子维拉继承了托斯卡纳地区的侯爵地位。因逃避雨果的追捕，最后逃到德意志。奥托一世为了牵制雨果在北意大利的势力而收留了他。他最终成为意大利实际的统治者。

功的婚姻可以建立一个联盟以确保友好关系，这可能比任何书面协议都好。

关于南意大利的领土争端，卡尔·雷瑟（Karl Leyser）[1]认为，正像查理曼的皇帝身份一样，奥托一世需要得到由罗马人统治的古老帝国的承认。和查理曼的情况一样，奥托在罗马的不稳定地位和困境迫使他染指阿普利亚和帝国在卡普亚、那不勒斯和贝内文托的领地，即奥托一世染指南意大利是为了使拜占庭承认自己的帝位，以增加其帝位的荣耀，稳定他在意大利的地位。而乔纳森·谢巴德（Jonathan Shepard）认为，奥托一世对于拜占庭帝国的阿普利亚的进攻仅仅是一种胁迫，就是为了联姻，没有别的意义。

然而，笔者以为，萨克森家族从其兴起之日起，就一直依靠强大的军事实力。可以说，萨克森王室在兴起的过程中，无论是平定内部叛乱还是抵御外部马扎尔人的入侵，强大的军事实力都是萨克森王朝立国的基础。奥托对于南

---

[1] 卡尔·雷瑟（Karl Leyser）(1920-1992)，英国德裔历史学家，1948年至1984年为牛津大学玛格达伦学院历史学士和导师，1984年至1988年在牛津大学担任中世纪历史学教授。cf.G.H.Martin, "Leyser, Karl Joseph(1920-1992)," *Oxford Dictionary of National Biography*, Oxford University Press. https://en.wikipedia.org/wiki/Karl_Leyser, 2018 年 12 月 17 日。

意大利的争夺就是帝国的实际利益需要,通过对土地的占有来彰显自己的威望。而对于萨克森来说,获得南意大利土地的最好方式就是联姻。婚姻可以带来嫁妆,如南意大利的卡普亚和贝内文托。联姻就是为了名利,其名就是皇帝之名,就是要让自己的皇帝之名名副其实,能够得到拜占庭皇帝的承认;其利其实就是获得意大利的土地。意大利曾经是罗马帝国的神圣土地,只有获得南意大利的土地,神圣罗马帝国的皇帝才真正地实现了帝国的梦想。最终在972年春天,奥托二世和拜占庭皇帝约翰·基米斯基的侄女赛奥法诺完婚。这桩婚姻成为十世纪晚期拜占庭与萨克森重要的外交交流。

第五节 拜占庭与东法兰克-萨克森王朝的交流

(一)联姻之前的交流

萨克森与拜占庭的交流在九世纪几乎断绝,在巴伐利亚公爵阿努尔夫时,拜占庭还曾经派遣使节出使东法兰克。从899年阿努尔夫直到945年,我们从未听说过拜占庭使节到访过东法兰克-萨克森。只是有一种可能性的猜测,科隆的

第二章 西欧与拜占庭的交流与碰撞

一个叫博沃的修士,他的曾祖父因能够读懂在康拉德一世时期出现的希腊文而著名。同时,威尼斯人有时把信件从东法兰克王国带到拜占庭。毫无疑问,他们也朝着相反的方向带信,交流是双向的。但是,在十世纪上半叶,很难划清长途贸易和外交使团之间的界限,加洛林王朝在意大利和萨克森的直接继承者负担不起他们昂贵的来往费用。拜占庭与西方的交流在东法兰克-萨克森交替之际是非常脆弱的。

海因里希一世继位的时候,拜占庭并没有派遣使节。其子奥托一世最早向君士坦丁堡派遣使徒是在949年。留特布兰德谈到自己在那里遇到了一位希腊使节——太监塞勒莫,皇宫的管家,刚从西班牙和萨克森回来。塞勒莫急于启航去君士坦丁堡,带着留特布兰德"现在的主人"的一位使节。此人是美因茨一位名叫利特弗雷德的商人。留特布兰德所指的"现在的主人"是奥托一世,说明奥托一世也派遣了使节去君士坦丁堡。奥托一世试图发展与当时拜占庭皇帝君士坦丁七世的友好关系,他们之间互通使节。君士坦丁七世还曾两次派遣使节带着礼物出使萨克森。并且这一时期,奥托一世首次派遣使团,尝试通过婚姻谈判将自己与拜占庭帝国联系起来。因此,才有了后续萨克森与拜占庭联姻的进一步诉求。这是在千年之交影响萨克森与拜占庭交流与冲突的重大事件。

（二）拜占庭与萨克森的婚姻交流

我们知道拜占庭的婚姻观念标准明确、目标实用，总体以帝国利益为准，是帝国重要的外交手段。同时，萨克森王室对于联姻的考量非常冷静，它规范并约束着家族的联姻。萨克森王室的女性包括未出嫁的公主、娶进来的王后与嫁出去的公主。她们的婚姻对于家族来说至关重要，在家族发展过程中发挥着重要作用。那些不准备结婚的公主地位尊崇，奥托家族为她们提供物质上的安全感，为她们提供受教育的机会以及家族的领导权。而更多的时候，王室的公主们还是要外嫁。诸如当时欧洲的西法兰克、萨克森、勃艮第、英格兰等王室家族都被互相的联姻关系紧紧相连。王室女性经常下嫁，也就是说王室家族的公主嫁给那些非王室家族的公子。在萨克森王朝，这种情况很普遍。但是他们一直以来秉承着这样的联姻原则，那就是如果公主出嫁，不能带走王室的嫁妆。当然，这并不是萨克森王室所有公主的归宿。若不下嫁，她们将去王室的修道院。

萨克森王室对于王后的选择也有一个潜在的标准。王后不单单是一个个体，她们还带来诸如领土以及其他的政治利益。从这个意义上来说，对于王后家族地位的选择就成为萨克森王室联姻的基本出发点。有一个不成文的约定，国王或

第二章　西欧与拜占庭的交流与碰撞

者皇帝死后，王后不再改嫁。这个传统从海因里希一世开始就延续了下来。奥德加、马蒂尔德、阿德尔海德、赛奥法诺等在她们的丈夫死后，继续生活了很多年，但都不会再婚。这就不再涉及寡后的财产纠纷，因为在当时的欧洲，很多寡妇的财产面临着威胁，她的母家都想通过她的第二次婚姻重新占有她的嫁妆。这样，她们的财产就都是萨克森王室的，这就成为王室保存政治和经济实力的一个策略。

联姻政策还是萨克森的家族政策。在柳多尔夫家族崛起进而成为王室家族的历史进程中，其家族联姻政策发挥了重要作用。从海因里希到奥托以及其他家族成员的婚姻无不以家族利益为出发点。在柳多尔夫家族的意识里，家族里的女性与男性同样重要。女性权力与地位的增强能更好地服务男性。总之，家族成员的婚姻服务于家族权力以及王权的巩固。

在柳多尔夫家族成为王室家族之前，联姻政策就有效地增强了其家族实力。自九世纪晚期以来，柳多尔夫家族连续几代的女孩儿们都嫁给了加洛林王室家族，海因里希的姑姑以及他的妹妹的婚姻无不是服从于家族的利益。通过联姻，柳多尔夫家族逐渐强大。最终到康拉德一世去世时，他明智地遗命让海因里希继位，柳多尔夫家族上升为王室家族。

海因里希自己的婚姻就是家族联姻的结果。他的第一任妻子是哈斯博格，来自梅泽堡地区的一个贵族的女儿。后来，他离开哈斯博格，娶了维杜金德家族的女继承人马蒂尔德为妻。为了稳定萨克森在洛林的权威，海因里希将自己的妹妹嫁给了洛林公爵。936年，巴伐利亚公爵之女与海因里希之子结婚，公爵与王族建立姻亲关系。巴伐利亚开始服膺萨克森的统治。

  从以上的联姻来看，海因里希巩固政权的方式中，能够信手拈来的就是联姻政策。联姻对于双方来说，都是互惠互利的。虽然欧洲中世纪早期的贵族们可以通过占有土地和统治措施来彰显财富和权力，然而统治和规则并不能有效地控制这些独立的群体，除非与他们结成姻亲关系，社会才能和谐。这是当时欧洲社会的普遍现象。所以，海因里希一世依靠联姻来巩固王权也是时代的趋势。这一政策就延续到了奥托时期。

  奥托一世于962年被罗马教皇约翰十二世加冕称帝。之后，他就派出使节去拜占庭帝国为自己的儿子提亲。而提亲的过程并不顺利，甚至还有些曲折。967年，奥托一世遣使君士坦丁堡，请求拜占庭帝国将皇室公主嫁给其子奥托二世。968年，再次派遣留特布兰德主教赴君士坦丁堡，继续向拜占庭皇帝提出结亲要求，遭到了拜占庭当时的皇帝尼基福鲁斯二世的冷遇。直到972年，拜占庭皇帝约翰一世·基米斯

第二章 西欧与拜占庭的交流与碰撞

基最终促成了奥托二世与拜占庭公主的联姻[1]。

留特布兰德详细记录了其出使君士坦丁堡以及进行联姻谈判的全过程，从中可窥见拜占庭帝国对待萨克森的态度。其记载到"在六月的第四天，我们到达了君士坦丁堡，在一个苦不堪言的接待之后，这对于你们来讲就是侮辱。我们还得面对令人糟糕痛苦的宫廷礼仪"。确实如此，尼基福鲁斯二世在接见奥托一世的使节之前安排了复杂的宫廷礼仪。最后，尼基福鲁斯二世在一个叫斯蒂芬纳的皇宫接见了留特布兰德，尼基福鲁斯二世告诉他："有礼貌地、壮观地接待你是我们的责任，但是回复你那不敬的主子是不可能的。他已经伪装成侵略者向罗马宣战。违反法律和权力抢劫了贝伦加尔和阿达尔伯特的王国。用剑杀死了很多罗马人。一些被处以绞刑，其他的要么被刺瞎要么被流放。他试图通过大屠杀和放火来制服属于我们帝国的城市，他邪恶的尝试是不成功的。所以把你派来了，邪恶行为的煽动者。假装来求和，实际上是间谍。"可以看出，在尼基福鲁斯二世眼里，奥托一世的行为是对拜占庭帝国的僭越。但是留特布兰德为奥托一世对于意大利的用兵进行了解释，并提出双方联姻可维系和

---

[1] 陈志强：《拜占庭帝国通史》，上海社会科学出版社，2013，第397-398页。

平。而拜占庭帝国给他的回复是"从来没有听说过皇家的出生在紫宫的公主嫁到国外的婚姻。当然,你的提议很伟大。如果你给出合适的筹码就会得到你想要的。拉文纳和罗马以及其周边的领土从此以后都归我们所有。如果你们想通过联姻获得友谊的话,让你的主子允诺给罗马城自由,交还卡普亚和贝内文托王室之前的土地,它们曾经臣服于帝国,现在则是造反者"。拜占庭帝国坚持和萨克森联姻的条件是归还拜占庭在意大利的领土,最终谈判未果。并且尼基福鲁斯二世还有一个顾虑,虽然罗曼努斯二世有一个女儿安娜,但是他不愿意帝国原来的、正统皇室的公主与萨克森结为联盟,以免自己受到威胁。之后的约翰·基米斯基希望维持意大利和平,以便集中于东部和北部的军事行动。而他的姐夫君士坦丁·斯克莱罗斯娶了前皇帝的曾侄女索菲亚·福卡斯,他有一个女儿叫赛奥法诺。因此,直到971年,以科隆大主教杰罗为代表的使团再次出使君士坦丁堡,成功地议定了萨克森期盼许久的新娘。972年,奥托二世与赛奥法诺结婚。

第二章　西欧与拜占庭的交流与碰撞

第六节　拜占庭与西方交流与碰撞的影响

（一）加洛林时期

拜占庭与加洛林在七、八世纪的冲突与交流，其最重要的政治影响就是地中海基督教世界内部三角关系的确立。加洛林、罗马与拜占庭在地中海互相制衡，互相角逐，直到罗马最终倾向于加洛林。同时，拜占庭因与西方同宗同源的关系，其对西方的文化影响也非常广泛与深刻。

从历史发展的总趋势看，六至十世纪的拜占庭在整个欧洲文化艺术生活中居于领导地位。拜占庭同意大利各地区的联系尤为密切，拜占庭文化艺术成果一般通过意大利传到欧洲其他国家。[1] 还有不应忽视的是外交使节的礼物对于文化的宣传与效仿作用。传统上，东方皇帝在访问罗马或派遣重要大使时，都会向罗马主教赠送礼物。这些华丽的礼物可能包括珍贵的礼拜物品，如银十字架或丝绸等。

757 年，君士坦丁五世赠送给丕平一个管风琴。这一礼物相当创新，在西方引起了轰动。它被描述为"伟大的风琴，

---

[1] 徐家玲：《拜占庭文明》，人民出版社，2006，第 507 页。

绰号响亮的嘴"。管风琴的使用场合决定了它所代表的政治含义,一般在帝国取得胜利之时会用到它,它能够发出巨大的声音,预示着强大的统治者即将到来或离开。在君士坦丁堡,通常由蓝军和绿军演奏,他们的管风琴伴随着竞技场、帝国游行和其他活动,可见管风琴在拜占庭是帝王乐器,这就像中国古代西周周天子使用最高等级的金石之音。春秋时期又有"礼崩乐坏"之说,中国古代贵族有"钟鸣鼎食之家"之说,乐器是社会地位、身份、阶层的象征。无疑,这提高了法兰克的声誉。丕平于751年篡夺墨洛温政权,礼物相赠也代表了拜占庭对加洛林合法统治的认同,意味着拜占庭开始对加洛林与罗马教皇的联盟表示认可。拜占庭与西方的关系进入一个新的平台。

管风琴不仅是一种最奢侈和富有异国情调的礼物,它还是古代皇室的象征,以前没有与任何西方大国共享过,意义非比寻常。该管风琴是典型的皇家乐器,是帝国盛况不可分割的组成部分,它的声音在某种程度上象征着对权力的幻想。所以说,这就不仅是乐器的交流,还意味着拜占庭政治文化的输出。

拜占庭教堂建筑艺术对加洛林也产生了重要影响,亚琛的教堂就与拉文那的教堂很相似。到查理曼大帝的时候,东西方之间的裂沟已经变得如此之深,以至于人们不能再谈论一种统一的文化和艺术了。在日耳曼入侵的影响下,西方发生了根本的变化,而东方表现出了意义重大的延续。西方意识到了这一点,因此,为了重建西方文化和复兴其艺术,查理曼和他之后的许多人向东方寻找指导。

(二)拜占庭与萨克森联姻之后

自十世纪拜占庭与萨克森联姻以来,双方文化交流所产生的影响更为巨大,在文化、艺术、政治等领域产生了不同程度的影响,开启了萨克森与拜占庭文化交流的高峰。对于拜占庭来说,当然是政治文化与宫廷文化的输出。赛奥法诺就像拜占庭派往西方的使者,创造了文化和智力上的成就,推动了萨克森宫廷文化的进一步繁荣。

奥托时期是拜占庭文化对西方产生影响的一个重要时期,对西方的影响在某些方面变得简化和专一,不像加洛林时期,来自东方的是各地不同种类的影响。在萨克森王朝奥托一世时期,东方拜占庭的马其顿王朝时期,君士坦丁堡成为一切艺术的仲裁者。从那开始,拜占庭的影响变成了焦点。萨克森帝国和拜占庭帝国的联姻,一定程度上推动了服务于萨克森中央集权的宫廷文化的复兴。在奥托二世和赛奥法诺联姻之前,东西方之间也存在着文化的交流,并且拜占庭帝国对于西方的影响并不新鲜,加洛林王室的文化复兴就已包含着拜占庭的影响。这种影响并没有中断,在萨克森王朝得到了延续。关于拜占庭帝国对于萨克森的影响，英国中世纪历史学家罗莎蒙德·麦基特里克（Rosamond McKitterick）[1]认为奥托二世和赛奥法诺的婚姻是西方吸收拜占庭文化的顶点，这就要回到赛奥法诺的出身来考量。

赛奥法诺虽然并非在紫宫出生，但是她的出身也很高贵。据说，她与福卡斯家族是亲戚关系。她的父亲君士坦丁·斯克莱洛斯是约翰·基米斯基的坚定盟友，在969年后与拜占庭宫廷发生了关系，他娶了前皇帝的曾侄女索菲亚·福卡斯。他们的女儿就是赛奥法诺。她的母亲是皇帝尼基福鲁斯二世·福卡斯的侄女，因此她是他的曾侄女。

作为福卡斯家族的一员，赛奥法诺从很小的时候就进入了统治圈子。赛奥法诺是以罗曼努斯二世的皇后和妻子赛奥法诺的名字命名的。赛奥法诺是她的教母，并在宫廷抚养她长大。她的随从、嫁妆和礼物给那些目睹她来到萨克森的人

---

[1] 罗莎蒙德·麦基特里克（Rosamond McKitterick），1949年5月31日出生，是英国中世纪历史学家。她是公元八世纪和九世纪法兰克王国的专家，利用古图和手稿研究来阐明中世纪早期政治、文化、知识、宗教和社会历史的各个方面。从1999年到2016年，她是剑桥大学的中世纪历史教授和研究主任。cf. admin. "Professor Rosamond Deborah McKitterick, FRHistS, FRSA, FSA—Faculty of History". www.hist.cam.ac.uk. Retrieved 2018-10-12. https://en.wikipedia.org/wiki/Rosamond_McKitterick，2019年1月17日。

第二章　西欧与拜占庭的交流与碰撞

们留下了深刻的印象。很明显，这些礼物（丝绸、象牙、珠宝、书籍等等）都是根据结婚的目的而挑选出来的。它们在奥托艺术中的影响似乎相当明显，尽管被西方媒介主义者提出了争议，因为他们希望强调十世纪艺术、手稿和装饰的自身起源，但赛奥法诺的个人影响是毋庸置疑的。

　　后来通过研究人们对她穿丝绸和戴珠宝的谴责，得知她的拜占庭风格的服装被其他西方人所模仿。况且，赛奥法诺自身的成长和教育经历也注定了她对西方宫廷文化的影响。就像所有其他情况一样，她必须了解和熟知对被派往异域的拜占庭公主的期望。在大约两年的宫廷生活中，她必须掌握正确的着装风格、言谈和行为举止，并研究她未来丈夫所在国家的相关语言和文化。如果她没有在皇家被教导读书与写字，她现在就必须掌握所需要的识字技能，以适应她未来的角色。显然，赛奥法诺接受过这样的文化熏陶，并且学习得很好。因为在西方，她的专业知识被视为典型的拜占庭风格。

　　同时，我们应对赛奥法诺带来的拜占庭对德意志文化的影响客观看待。虽然奥托时期的艺术家对使用拜占庭风格和采用以及适应拜占庭技术、图案主题等越来越感兴趣，但是却很少有证据表明西方对模仿拜占庭宗教形式或采用某些礼拜仪式表现出了积极的兴趣。其中有一个这样的证据：十世纪雷根斯堡圣埃梅拉姆修道院会议，规定在星期天和某些节日的游行中，牧师应该将带基督头像的木头挂在他的脖子上。这是否意味着有意识地模仿可能被认为属于拜占庭的礼拜仪式，还很难说。同时，还有一些疑似受到拜占庭影响的例子。唯一一个奥托帝国的浮雕或多或少地直接来自拜占庭模型，是与海因里希二世皇帝有关的面板的十字浮雕。而目前现存的，没有一件作品或文件能证明西方对拜占庭艺术影响的直接回应。在宗教范围内的仪式性图片主要表现在图像方面，而在风格方面则稍逊色。有学者称奥托时期是西方艺术中最具创造性的时期之一，它具有独特的表现力强的风格，总体上比加洛林时期受拜占庭风格的影响小。但是对拜占庭宫廷仪式和礼拜仪式使用遗物的兴趣，尤其是对基督遗物的关注与模仿，在德意志萨利安王朝时期开始大幅度增加。

在萨利安时期的一本《福音书》中，1050年至1056年间为戈斯拉大教堂撰写，现在保存在乌普萨拉，我们看到一个微型的卷首。基督将王冠放在皇帝海因里希三世和他的妻子艾格尼丝皇后中间。在理念和加冕形式上，这是由上帝的恩典建立的君主制概念的视觉诠释，是拜占庭的发明。基督站在中间为皇帝夫妇加冕。实际上，萨利安王朝海因里希三世时期正是德意志皇权强化的顶峰，并且上帝为皇帝夫妇加冕的肖像成为皇权威严的象征和皇后地位高贵的象征。这与拜占庭的艺术影响是一致的，因为拜占庭的皇权同样体现在艺术上。之前的奥托三世《福音书》的封面上就有大量拜占庭的象牙,其中最华丽的象牙同样描绘了圣母的去世。从拜占庭人那里借来的奥托时期的书籍插图中最著名的一个例子是拉蒂斯本学派圣餐室中的一个十字架缩影。它是为海因里希二世皇帝制作的,曾经属于班贝格的大教堂宝藏,但现在保存在慕尼黑国家图书馆。如果不是因为肖像画,就几乎找不到东方的影子。在西方显然给人留下深刻印象的是某种拜占庭式的画,这种画具有崇高的尊严,吸引了奥托和萨利安王朝的专制统治者。这些画具有悠久的传统,画家们以平衡而和谐的构图直观地描绘了它们,使它们承担了某种政治意义。

从政治文化上的影响来看可分两个方面。一方面,拜占庭的帝国威望提高了萨克森的荣耀。当时的拜占庭帝国处于马其顿王朝的鼎盛时期,从奥托一世派遣留特布兰德主教出使君士坦丁堡提亲时皇帝尼基福鲁斯二世对留特布兰德说的话中,我们知道当时拜占庭帝国的综合实力尤其是军事实力如日中天。尼基福鲁斯二世向留特布兰德询问了萨克森帝国的帝国权力、领土以及军队后,就大声说道:"你说谎,你主子的军队不能远行,他们也不知道怎样用脚打架。他们的盾牌的大小、护甲的重量、剑的长度,以及头盔的重量都不允许他们以任何方式战斗。"然后含着笑说:"他们的暴饮暴食也妨碍了他们，他们的上帝就是他们的胃，他们的勇气、信念、意志都像喝醉酒一样消沉。快速进军对于他们来说意味着崩溃、清醒、恐慌。再者你的主子没有任何海上船只。我有强大的海军，我将命令我的舰队攻击他，破坏他的海上城市……告诉我，他的实力如此弱小怎能抵御我还只是在陆地的攻击？"十世纪，拜占庭帝国在亚洲取得了重大的军事胜利，尤其是在尼基弗鲁斯二世、约翰·基米斯基和瓦西里二世时期。而萨克森的军事实力尽管在十世纪得到了增强，却从未像我们想象的那样强大，更别提与拜占庭帝国相比了。所以，从增强家族荣耀，甚至是强化家族后盾来看，与拜占庭的联姻对于萨克森的发展也有着重大的影响。虽然奥托一世已经加冕为神圣罗马帝国皇帝，但是拜占庭帝国强大的实力足以让他的家族与帝国荣耀于西欧。而通过联姻得到了拜占庭帝国对于神圣罗马帝国帝号的确认，即西方的皇帝，这进一步增强了萨克森帝国皇帝的荣耀。

另一方面，萨克森从海因里希一世到奥托一世、二世、三世整个的王权到皇权的发展进程表明，奥托诸帝一直在寻求皇权的强化。而拜占庭帝国的强大的中央集权无疑是他们的向往所在。萨克森王权在奥托一世时期就有了新的变化，海因里希一世时期对于王权的相互认同到君主在身体上表现为上帝意志的统治哲学在奥托一世时期消失了，到奥托三世加冕为皇帝的时候,皇帝是基督代理人这样的观念刻印在奥托诸帝的统治思想里。奥托一世和奥托二世已经出现了明显的拜占庭化,而赛奥法诺的到来是一个关键因素,新的王权观念将德意志王权推进到新的阶段。伴随着萨克森中央集权的强化,宫廷文化也随之变化。而来自强大的中央集权的拜占庭帝国的赛奥法诺只是促进了这些变化的进度,而并不能成为最关键的因素。奥托诸帝一直致力于捍卫罗马帝国的荣耀,宣称有与东方基督教皇帝平等的地位。刻于982年的一件象牙饰板就明显体现了奥托王朝的皇帝们对于自身地位的定位。高大的上帝站在底座上为奥托和赛奥法诺祝圣。因此,拜占庭对萨克森最重要的影响在于帝国宫廷文化和政治文化层面。其中,皇后摄政的政治文化也是其重要的组成部分。

萨克森王朝自奥托一世的皇后阿德尔海德在奥托一世时期参政,并且做了奥托二世的摄政以来,萨克森王朝就已经有了皇后参政这样的传统和土壤,当时的舆论倾向对皇后参政也很有利。而赛奥法诺的参政以及之后的摄政,更是将拜占庭的政治文化引入萨克森,使得萨克森和萨利安王朝的皇后参与政治的传统在王权强大的情况下又延续了一百年,而这与赛奥法诺的个人政治素养有很大关系。她之所以能够在奥托二世去世之后,成功地让儿子奥托继位、解决政治危机,与她所生活的社会环境对她的历练和她受到的政治教育分不开。

一直以来，贵族妇女在拜占庭社会享有较高的社会地位。在政治领域里，妇女最有可能操纵着权力的角色就是皇后。在这一点上，拜占庭与其他帝制社会差异不大。在拜占庭政治生活中，要求皇帝在参与各种政治活动和祭奠仪式时，必须有皇后的参与。而且皇后在皇位传承中也处于一种特权地位，在皇帝去世的时候，从帝国早期开始习惯上要求皇后选择或者通过结婚的方式确立一个继承者，许多皇后都是以她们儿子的摄政身份出现在政治舞台的。最为显著的例子莫若八世纪的伊琳尼和九世纪的塞奥多拉。[1] 塞奥多拉和伊琳尼都曾经做过幼子的摄政，她们都恢复圣像崇拜；塞奥多拉则被公认为东方教会的圣人。作为国家元首，即使只是在短暂的时期，她们也拥有最高的权威，建立了一个女性统治者的形象，赛奥法诺在幼年对她们应该熟知。可以说，在拜占庭帝国，皇后参政，甚至皇后独立掌权是自东罗马帝国以来就有的政治传统，也不独独因为对这些杰出女性的纪念促成了赛奥法诺有这样的教育机会。当然，历史又正好给予了赛奥法诺这样一个做摄政的机会。如前所述，在当时的萨克森还只是从阿德尔海德时期开始有皇后摄政。阿德尔海德做摄政，

---

[1] 孙鹏：《11-12世纪拜占庭科穆宁王朝贵族妇女研究》，博士学位论文，南开大学，2004，第49页。

一点都不出乎意料,因为她被誉为欧洲王室的母亲,当时她的亲属关系网遍布欧洲。但是,赛奥法诺只身在萨克森宫廷,还能参政议政并且做帝国摄政,这就与拜占庭强大政治文化的引入不无关系,与赛奥法诺自身的政治理念与卓越的个人政治素养紧密相连。正是赛奥法诺积极摄政,有效地保证了萨克森政局的稳定、王位的传承和王朝的延续。

第七节 小结

这一时期拜占庭与西方的交流,相比于之前查士丁尼时期以及科穆宁王朝之后的时期来说,相对比较平和。他们之间的交流既没有出现查士丁尼时期在意大利半岛战争不断的局面,也没有出现十一世纪非常紧张的关系以及后来的相看两厌。在结束了查士丁尼"再征服"战争之后,双方迎来了一个广泛交流的时期,使节们穿梭于地中海之间,伴随着语言的交流。正是在这一时期,希腊语逐渐在帝国普及,拉丁语逐渐从帝国退却。然而,拉丁语仍然属于帝国官方语言,所以双方的语言交流消除了很多障碍。西方日耳曼民族逐步建立了自己的国家,加洛林王朝开始取代墨洛温王朝主导法兰克王国。"圣像破坏运动"影响到了东西方局势,罗马教皇在"圣像破坏运动"中的立场以及伦巴第入侵的威胁促使他开始脱离拜占庭帝国的统治，投入加洛林诸帝的怀抱。一方面，为未来罗马教皇国的建立奠定了基础；另一方面，为法兰克帝国的崛起埋下了伏笔。"圣像破坏运动"影响了整个欧洲东西部的力量平衡。

萨克森向拜占庭提亲，双方的婚姻交流由此开始，拜占庭文化进一步引入西方，其优秀的政治文化如中央集权制度、皇帝皇后一体的传统都影响到萨克森以及之后的萨利安王朝。更重要的还有赛奥法诺将拜占庭皇后参政的传统在萨克森发扬光大。当然，还有服饰、艺术等层面的交流与影响。

总而言之，欧洲东西方之间的交流前期以加洛林与拜占庭为主。加洛林解体后，东法兰克－萨克森与拜占庭之间的婚姻交流在当时的欧洲轰动一时，产生了巨大的影响。无论如何，这一时期双方几乎没有兵戎相见，和平与发展、交流与互鉴是这一时期的主线。

第三章 科尔多瓦帝国与加洛林及萨克森的交流与碰撞

在欧洲西南一隅的科尔多瓦政权，与比利牛斯山以北的法兰克王国以及其之后逐渐分化蜕变崛起的萨克森帝国或者神圣罗马帝国之间的和平互动也好，兵戎相见也罢，这种联系是建立在两种迥然相异的文明关系之上的。双方并没有因为意识形态的不同而老死不相往来，也没有因此而一直兵戎相见，而是在交流中碰撞，在交流中互鉴，在交流中发展。

第一节　科尔多瓦与加洛林的交流与碰撞

伊比利亚的科尔多瓦政权与加洛林的正面交锋呈现出间接散发的特点，然而相互对峙的紧张状态却是一种持续性的过程。八世纪初科尔多瓦政权的扩张是阿拉伯帝国扩张的有机组成部分。阿拉伯人冲出阿拉伯半岛向东西两个方向进行扩张，且沿着地中海南岸一路向西，几乎将整个北非都收入囊中；塔立克和穆萨所率领的先遣部队以出乎意料的速度和进展将大半个伊比利亚半岛归入阿拉伯帝国的版图中。残存的西哥特王国弱不禁风，仅短短三年就油枯灯尽。因而，欧洲所面对的是一个生机勃勃的阿拉伯政权，它在欧洲西南半岛登陆，倘若直布罗陀海峡的天堑并未曾让它停下脚步而转身离去，自然比利牛斯山也并不会成为它无法跨过的天险。

第三章　科尔多瓦帝国与加洛林及萨克森的交流与碰撞

倭马亚统治者还曾设想从东西两方实现对欧洲的全面包围。他们一路从伊比利亚半岛北上，于732年遇到了墨洛温宫相查理·马特的军队。

（一）普瓦提埃战役中的碰撞

732年，阿拉伯军队与比利牛斯山北麓的法兰克王国的最初交兵是在阿奎丹地区。其实，早在721年阿拉伯军队就进攻过该地区。当时的阿奎丹公爵欧多在图卢兹打败了阿拉伯埃米尔萨姆的军队，对阿拉伯军队造成了致命的伤害，迫使其回到阿拉伯人在塞普蒂的海岸。再次进军，阿奎丹的形势对于阿拉伯军队非常有利。

这时欧多与法兰克王室矛盾重重。法兰克宫相查理·马特在击败萨克森人之后，将注意力转向了敌对的南部阿奎丹王国，谴责欧多与阿拉伯的乌斯曼·伊本·纳伊萨结盟，并越过卢瓦尔河，违反与欧多签订的和平条约。查理·马特两次洗劫阿奎丹，占领了布尔日。欧多与法兰克军队交战，被击败。最后，查理·马特回到了法兰克宫廷。与此同时，倭马亚人正在集结兵力攻击欧多在比利牛斯山脉塞尔达尼亚地区（可能是加泰罗尼亚）的盟友乌斯曼·伊本·奈萨。731年，柏柏尔领主受到阿卜杜勒·拉赫曼·加菲奇率领的远征军袭击，战胜并杀死了叛军首领，并俘虏了欧多的女儿，将其囚禁在大马士革的一个后宫。而这时欧多忙着抵挡查理·马特的进攻，也没有去帮助以前的盟友。

732年，阿卜杜勒·拉赫曼·加菲奇的军队突袭了瓦斯科尼亚，向波尔多挺进，洗劫了这座城市。欧多与他们交战，但在波尔多附近被倭马亚人击败。战败后，欧多重新组织了分散的部队，向北跑去告知纽斯特里亚宫和澳大利亚宫的宫相查理·马特威胁迫在眉睫，并呼吁援助打击阿拉伯军队。他接受了正式的法兰克霸主的交换要求。这位年近80岁的公爵加入了查理·马特的部队，并且谦逊地重申对查理·马特的效忠誓言，并将组建法兰克军队的左翼。而倭马亚人和查理指挥的多国军队则在普瓦提埃以北某处对垒，为所谓的普瓦提埃战役做准备。

阿拉伯人沿着通往巴黎的古时罗马帝国时期的旧道长驱直入，一步步地向着法兰克王国的心脏地带进发。正是在这样严峻的时刻，即便没有了曾经的政敌央求其出兵支援，查理·马特率军南下迎战以阻截阿拉伯军队也是必然的选择。于是，初秋十月之时，双方军队在普瓦提埃相遇，随即爆发了激烈的交火。

阿拉伯军队一如既往地在战斗中采取了攻势，发起了猛烈进攻。然而令阿拉伯人始料未及的是，已然知道他们军事动向的查理预先也对王国内可能会遭受袭击的重要城塞进行

第三章　科尔多瓦帝国与加洛林及萨克森的交流与碰撞

了加固，筑起坚固的防御工事，从而尽可能抵御住阿拉伯人的首波攻势，这就致使他们一开始只能围城而并不能发起有效的进攻。再加上查理进行了王国的军事改革，改编了与步兵有所不同的以新式重装钢甲矛骑兵为主的兵力，并且还配置了具有强大杀伤力的弩炮部队，如虎添翼，作战能力迅速提升。随后阿拉伯人采取围而不攻的策略，准备声东击西地继续北上直剿图尔城。对于这样一座基督教重城，查理采取了主动出击的战略，以迂回作战的方式切断了阿拉伯军队重要的物资补给生命线，从而令后者顿时方寸大乱。查理在攻守两方面都武装了法兰克王国的军备和城防。

而阿拉伯军队作为进攻者，甚至是此前所向披靡的胜利者，这一次对普瓦提埃的进攻几乎深入了欧洲腹地，是长途奔袭的作战；另一方面，法兰克军队则是在事先有预警的情况下以逸待劳。此时，无论是在兵力数量还是在装备质量上，前者都不占优势。因而，查理的军队不但能够与如狼似虎的阿拉伯军队一较高下，而且最终以仅仅牺牲两千兵卒的代价重创了阿拉伯军队，致使后者损兵折将一万余人。阿拉伯军队的统帅拉赫曼也在此次战争中身负重伤，最后阵亡。普瓦提埃战役是阿拉伯人与法兰克人之间的一次正面对决，是阿拉伯人在法兰克境内所进行的规模最大的一次战役。关于普瓦提埃参战的人数，很多学者都进行了研究。保罗·K.戴维斯估计倭马亚军队有 8 万人，法兰克军队大约有 3 万人。现代历史学家估计倭马亚军队在图尔的兵力在 2 万到 8 万之间。虽然还有很多种说法，但是双方参与人数应该不在少数。此后即便阿拉伯人受到法兰克王国西南部领土富庶的引诱不时深入其境内，进攻城镇、挑衅当地权力和掠夺财富，但是从参战人员的数量、武器装备的配给以及整体的战争规模和双方伤亡人数上来看，都是无法与普瓦提埃战役相比较的。

普瓦提埃战役之后的一些战役，只是小规模的摩擦，也并没有产生什么实质性的结果和进展。虽然阿拉伯军事力量一度延伸至法国西南部的塞普提曼尼亚地区，但是在查理·马特的儿子丕平时期也基本被夺回，尤其是以纳巴达城被法兰克军队攻下为标志。759 年之后，阿拉伯势力基本被驱赶出南部高卢地区，并且，他们远征的雄心和战略因在伊比利亚半岛东北部逐渐形成和崛起的加泰罗尼亚王国而进一步被阻断。它成为安达卢西亚与法兰克之间的过渡地带和屏障，在一定程度上阻碍了双方的兵戎相见。

我们知道，随着战线越拉越长，阿拉伯帝国的政治统治能力、军事进攻能力等都会变得越来越疲弱。普瓦提埃一战看似是一场偶然，偶然于对手是"铁锤查理"，偶然于法兰克城防的加固，甚至偶然于法兰克军队作战能力的提升。但是从地缘上来说，后援部队难以及时到达，也是阿拉伯军队

第三章 科尔多瓦帝国与加洛林及萨克森的交流与碰撞

受到挫败的重要原因。然而这也是一种必然和注定，注定有一场这样的战役会削去阿拉伯铁骑的锐气，使其不再永远向外，而应当适时地反身向内。帝国的膨胀终有一个边界。在欧洲，比利牛斯山成了这样一条基本稳定的界限，虽然偶尔的或者局部的突破时而有之。对于阿拉伯帝国来说，732年的普瓦提埃战役在很大程度上打乱了阿拉伯继续深入欧洲腹地的计划。历史地看，它是一场极为关键的转折性战役，将阿拉伯势力彻底地封锁在比利牛斯山南麓伊比利亚半岛。似乎整个阿拉伯帝国也就此停住了脚步，此后阿拉伯人在欧洲的北扩运动再未取得突破性进展[1]。

对于法兰克来说，查理·马特成功地挫败了阿拉伯军队的锐气，给其军事力量以沉重的打击，并逼迫其放弃继续北上和东征的企图，悻悻而去，基本上彻底扭转了阿拉伯扩张的趋势，使得欧洲免受伊比利亚半岛的厄运而遭受阿拉伯化的危险。从此之后，"铁锤查理"就被称为基督教欧洲的守护者。"假如阿拉伯人在此次战役中获胜，那么，在巴黎和伦敦看到的会是清真寺，而不是大教堂；在牛津和其他学术

---

[1] 夏霜、李福泉：《西班牙穆斯林的历史与现状》，《中国穆斯林》2014年第6期，第67页。

中心听到的会是《古兰经》的讲解,而不是《圣经》的解释"[1]。因而,普瓦提埃战役有着深远的历史意义。它一定程度上保护了欧洲文明的独立发展,之后地中海区域各大文明圈的区域基本固定,奠定了以后文明发展的格局。对于当时地中海的政治格局来说,普瓦提埃战役为将来加洛林-萨克森、拜占庭、科尔多瓦政权之间的交流与制衡创造了历史前提。查理·马特在关键时刻力挽狂澜,促使阿拉伯人止步于欧洲南部,在某种程度上塑造了欧洲的历史,但是他并没有选择乘胜追击直捣阿拉伯人在伊比利亚的大本营,进而彻底将阿拉伯人从欧洲驱赶出去,永绝后患。全面衡量之下,一方面因为由防守转为进攻的时机未到,深入敌营胜负难定,否则阿拉伯人长途奔袭而失败的厄运也会在法兰克王国军队中重演;另一方面,查理·马特也不具备这样进攻的动力,因为在伊比利亚南麓蠢蠢欲动的阿拉伯势力能够钳制住同样不安分的阿奎丹,这样反倒能减少他在王国内的阻力。阿拉伯势力能够起到制衡阿奎丹地区的作用。最终,正是在普瓦提埃战役之后,查理·马特统治下的法兰克王国成为西欧最重要的军事力量,成为保护基督教欧洲的代表,成为之后罗马教皇北上

---

[1] 菲利浦·希提:《阿拉伯通史》,马坚译,商务印书馆,1995,第597页。

寻求支持保护教宗的旗手。自罗马沦陷以来,法兰克王国开始向西欧中世纪早期第一个帝国迈进,而普瓦提埃战役就是向帝国迈进的第一次华美展示。

(二)普瓦提埃战役之后的碰撞

当初阿拉伯出兵欧洲核心地带是为了开疆拓土,建造一个横跨欧亚非的辽阔帝国,而此后的进逼和挺进已然失去了宏观的图景,更多是为了掠夺财富而来,掳走财富而去。阿拉伯军队已经没有了征服的野心,只剩下抢夺的快感。因而阿拉伯军队此后即便没有沦落成类似游兵散勇的存在,也很难说是有严密组织的、有谨慎策划的或者是能得到统治者持续支持的军事力量。阿拉伯军队自普瓦提埃战役之后再也没有组织起针对西欧的、有组织的、大规模的军事行动。

既然难以翻越比利牛斯山,科尔多瓦就由从陆路进攻法兰克王国改为沿着海路骚扰法兰克以及意大利沿海的城镇,并以此为基地或者前哨进一步向内陆进发,进而控制了从法兰克通向意大利的通道以及从瑞士进入意大利的北部关隘,并对法兰克以及意大利的地中海沿岸城镇进行抢夺式的突袭,在获取了数量可观的战利品之后又飘然而去。因而,这种海上掠夺行为其实与同一时期北欧的维京海盗式速战速决的抢夺极为类似,是一种几乎类似于海盗的行径。西欧拉丁文献中直言不讳地称之为海盗行径。他们打家劫舍，烧杀抢掠，无恶不作，沿海居民谈之色变。阿拉伯文献当中对于这样的行动基本保持了缄默。阿拉伯文献中的沉默很可能是因为它只是涉及了非正规军队的行动，诸如雇佣兵、海盗和冒险者，他们既没有得到诸如法蒂玛（Fatimids）、兹里德王朝(Zirid dynasty)、阿格拉布王朝(Aghlabids)北非帝国的祝福，也没有得到它们的支持。而后倭马亚王朝与西地中海劫掠活动的关系也是讳莫如深，令后世产生了很多揣测。很明显，这种速战速决的抢夺与正规的战争不同，尤其是在作战目的上大相径庭，这种攻击在根本上并不是为了攻城略地，而是以夺取战利品的短时利益为直接目的。最多也只是制服当地的权贵而不加以取缔和消灭，只是要求对方在名义上臣服，并且定期缴纳一定数量的贡税。后者的做法虽然比纯粹打家劫舍的一次性掠夺显得更为持久和稳定，但保证了这种持续性的臣服和贡赋。实质上，这种策略的本质仍旧是榨取当地的财物，所以极不稳定，需要后期持续地进行武力恐吓和军事行动。

他们已然强大到控制了从萨伏依（Savoy）到海岸整个山麓以及瑞士南部的群山，同时这种沿海的军事行动是半官方或者私自的武装动作。因此，作战目标、作战方式、作战人员和战斗的性质都发生了某种根本性转变。他们的根本动机

第三章　科尔多瓦帝国与加洛林及萨克森的交流与碰撞

就是对财富的贪婪追求，对丰厚战利品的苛求。正是因为这样的突袭能够在短时间获取足够多的报偿，于是吸引了各色人等加入这样的海上行动当中。他们是雇佣兵、海盗、冒险者混编而成的队伍，有来自安达卢西亚的，也有来自北非的。其中有阿拉伯人、犹太人，甚至还有基督徒，人员构成的鱼龙混杂更能说明这种军事行动的目的就是掠夺财富。

其中，安达卢西亚在法兰克南部所开辟的弗雷辛尼特(Fraxinetum)在十世纪成为令法兰克人和意大利人闻风丧胆的阿拉伯据点。弗雷辛尼特被认为是科尔多瓦在西法兰克普罗旺斯建立的一种类似于海盗活动基地的存在。根据史料记载，在887年左右，最开始只是20名左右的萨拉森人（这个称谓在狭义的层面上尤其特指那些在九世纪和十世纪左右在地中海沿岸猖狂肆虐的阿拉伯人海盗）从安达卢西亚乘船扬帆而来，在法兰克南部普罗旺斯地区的弗雷辛尼特附近登陆。随后他们从安达卢西亚召唤了更多的人前来加入他们的征战，他们很快占领了弗雷辛尼特要塞，并把它作为重要的城防，还以北边的马赛作为根据地。安达卢西亚很多人迁移到这里，这种移民政策以及后来以此为基地向其他地方的攻伐越发地使这里成为他们在法兰克王国南部的重要据点。

此时加洛林王朝已然处于全面衰微的状态，王权早已无力约束王国各封地内贵族独立和自治的离心倾向。而且，此时的普罗旺斯内部也处于一种四分五裂的状态，这一区域内部大大小小众多贵族之间为了争夺权力而出现了相互碾压的混战局面。令局面更为混乱的就是伦巴第国王雨果。他在此时期在名义上是以普罗旺斯国王"瞎子路易"（Louis the Blind）的名义来统治普罗旺斯的，而且在后者于928年过世之后就直接名正言顺地以自己的名义来实行统治，尽管没有真正被戴上"普罗旺斯国王"的王冠。这位伦巴第国王是所有这些反阿拉伯力量中最为积极和活跃的，一直期望将萨拉森人驱赶出他治理管辖之下的普罗旺斯地区，甚至一度与拜占庭帝国的海军联手来共同对抗这一地区的穆斯林，只是他在中途改变了意志，不仅放弃了进攻，反倒是在941年与本来应该是敌人的穆斯林握手言和，达成了某种形式的联盟，这种事态的突然扭转也正是由当时当地复杂的政治局势所致，雨果不得不在主动攘外之前先安内，同时，还要小心奥托一世从背部对他进行偷袭。这就给萨拉森人据点以可乘之机。

在弗雷辛尼特建立了根据地之后，他们四处出击进行劫掠。从普罗旺斯到勃艮第王国再到意大利半岛上的皮埃蒙特（Piedmont）各处都能看到萨拉森人出没。他们几乎一路高歌猛进，所到之处并未遇到有效的反抗和还击。他们曾席卷

第三章 科尔多瓦帝国与加洛林及萨克森的交流与碰撞

了罗纳河河谷地带（Rhône Valley），并进入了皮埃蒙特，甚至在相当长的一段时间内控制了阿尔卑斯山的西部关口。十世纪三十年代左右，萨拉森人已经在阿尔卑斯山脚的北意大利村镇站稳了脚跟，并且控制了通过阿尔卑斯山的南北重要通道。它连接着瑞士与意大利的圣伯纳德大山口，塞普蒂默关卡，从而掌握了意大利与欧洲其他地方的交通命脉。从887年左右来到弗雷辛尼特到972年最后被普罗旺斯以及皮埃蒙特的联军击退之时，其在法兰克王国存在的时间长达八十多年。在几乎整个十世纪，他们的军事攻伐似乎就没有间断过，企图将更多的领地和民众置于他们的控制之下。

在某种程度上，弗雷辛尼特已经成为这个地区所有阿拉伯人定居点的代名词。史料当中反复提及这个地方是所有罪恶的来源，当我们读到这些侵略者所造成的破坏的众多记录时，总是会生发出恐怖和慌乱之感。

（三）针对科尔多瓦的加洛林与阿拔斯的结盟

大马士革的倭马亚王朝被阿拔斯家族颠覆之后，倭马亚王室后裔拉赫曼一世万里迢迢、一路艰险跋涉来到了伊比利亚半岛，可谓九死一生。在艰难险阻中，他力排劲敌，终于在伊比利亚半岛建立起科尔多瓦政权，最终，在欧洲的西南半岛上延续着倭马亚王朝的统治，而与此时在巴格达的阿拔斯王朝势不两立。

初生的科尔多瓦政权并不稳定，社会内部矛盾开始逐渐浮出水面，成为随时可能撕裂这个新生政权的巨大隐忧。此时，拉赫曼一世的政策中心越发地转向了安达卢西亚内部，整顿社会内部进而巩固政权就成为比向外攻伐更为重要的议题。

尤其是在759年丕平进击法兰克南部收回了纳巴达城吞并了塞普提曼尼亚地区之后，拉赫曼一世无心也无力向外扩展。尽管他们对于加洛林王朝的仇视依旧，但是几乎没有多少证据说明科尔多瓦对于高卢有任何大规模的军事行动，除了一阵短暂的努力想要恢复他们对于纳巴达的统治。之后科尔多瓦政权通过陆路翻越比利牛斯山进攻法兰克人的活动基本停歇，直到拉赫曼三世的一系列军事行动中记载了其军队进袭了阿基坦和塞普提曼尼亚地区。因而，科尔多瓦政权对于加洛林的主动出击反倒被导向了西地中海，但这种进攻很难算得上有组织的正规军事行动了。

历史不可能永远按照一方为主角去发展，历史总是你方唱罢我登场。如果说七世纪至八世纪中期是阿拉伯人的军事力量决定了其在地中海的攻势地位，而迫使对方处于被迫防守地位的话，那么，当阿拉伯铁骑向前的脚步逐渐停止，当他们放下战旗，收起战鼓，将重心由对外的征战转向了对内

第三章 科尔多瓦帝国与加洛林及萨克森的交流与碰撞

的治理时,欧洲舞台上出现了一位力挽狂澜的军事强人和政治枭雄查理曼。他的祖父就是鼎鼎大名的宫相查理·马特,他的父亲就是那位受教皇之邀打败伦巴第人的"矮子"丕平。三代而兴,查理曼将祖辈、父辈的基业进一步发扬光大。他南征北战、开疆拓土,不断向外推动着法兰克王国的边境线,打败阿瓦尔人,将意大利的伦巴第王国并入法兰克的版图,并且不断向东部推进到易北河,进而吞并萨克森,征服巴伐利亚,甚至连一度在西班牙北部生活的阿拉伯人也慕名前来归顺于他,于是其疆土在中世纪法兰克王国的疆域拓殖史上发展到最大。[1] 查理曼建立了一个同一的有着加洛林特质的法兰克帝国。在其马背上的峥嵘岁月当中,在其雄才大略的治理之下,也在罗马教皇的全力支持之下,其使得法兰克王国华丽转身为法兰克帝国。查理曼在800年圣诞夜由教皇加冕成了名义上也是既成事实上的罗马帝国的继承者。这样一位南征北战为其王国拓殖疆土的勇士,一位雄心勃勃想统一欧洲真正再现罗马帝国昔日辉煌的王者,对于其王国西南方向的科尔多瓦政权自然也不会视而不见。其扩充领土的雄心也不会由于比利牛斯山的阻隔而消减。更何况,科尔多瓦也

---

[1] 德尼兹·加亚尔、贝尔纳代特·德尚:《欧洲史》,蔡鸿滨、桂裕芳译,海南出版社,2000,第171页。

总是觊觎着北方的疆土，跃跃欲试地不断窥探着。因而，比利牛斯山两端曾经因为732年一战相对比较平稳的局面也在八世纪末被打破。

一方面，在地缘政治特点上，查理曼统治之下的法兰克王国与科尔多瓦埃米尔国之间（与查理曼同一时期，科尔多瓦经历了三位埃米尔，分别是奠基者拉赫曼一世、希沙姆一世以及哈基姆一世）接壤必然塑造了双方持续紧张的状态，因为查理曼在位时期，法兰克在这一地区的权力比较脆弱。从769年，阿奎丹地区起义不断，查理曼不断出兵镇压，并在图卢兹地区任命新的波尔多伯爵。790年，查理曼大帝在图卢兹建立附庸国来宣称对比利牛斯南部法兰克人的权威。查理曼的攻势势必造成法兰克和科尔多瓦之间的紧张关系。查理曼试图寻求到与他一样同仇敌忾的盟友，其所寻找到的盟邦在仇恨与敌视科尔多瓦政权上有过之而无不及。他们就是虽然"远在天边"而建基于巴格达的阿拔斯王朝的统治者。

由于倭马亚家族与阿拔斯家族不共戴天的仇恨，因而自认为延续前朝正统血脉的科尔多瓦政权，亦即后倭马亚王朝，在整个阿拉伯帝国当中是巴格达的重要政敌。虽然双方之间远隔万水千山，但这种冲突与对峙仍然被时刻地感知到，被视为篡权夺位的阿拔斯王朝统治者们对于后倭马亚王朝的埃米尔们更是时刻忌惮着和警戒着。科尔多瓦的存在甚至是比

第三章 科尔多瓦帝国与加洛林及萨克森的交流与碰撞

相隔不远的埃及法蒂玛王国更具有某种威胁性,因为前者的存在始终在名义上让阿拔斯王朝统治的正统性遭受质疑。所以,哪怕相隔万里,当拉赫曼一世登基,为埃米尔正式建立了脱离大马士革的科尔多瓦埃米尔国时,阿拔斯军队入侵了安达卢西亚。现任阿拔斯王朝哈里发的曼苏尔长期以来一直计划废除敢于自称安达卢西亚酋长国的倭马亚人。763年,阿卜杜勒·拉赫曼必须重新投入战争。阿拔斯特遣部队的规模大得多,据说有7000人。埃米尔率领他的军队迅速向卡莫纳的堡垒进发。阿拔斯军队紧跟其后,围困了卡莫纳大约两个月。拉赫曼一定感觉到时间对他不利,因为食物和水变得稀缺,他的部队士气可能受到质疑。最后,拉赫曼召集了他的部下,因为他决心进行大胆的突袭。拉赫曼亲自从他的军队中挑选了700名战士,将他们带到卡莫纳的大门。在那里,他生了一场大火,把剑鞘扔进火焰里。拉赫曼告诉他的部下,是时候开始战斗而不是等待着饿死了。大门打开了,拉赫曼的手下扑倒在毫无戒备的阿拔斯人身上,彻底击溃了他们。阿拔斯军队大部分被杀。阿拔斯主要领导人的头颅被砍掉,用盐保存着,识别的标签被钉在了耳朵上,然后被可怕的包裹捆在一起,送到哈里发那里。当收到在安达卢斯战败的消息时,曼苏尔气喘吁吁地说:"上帝保佑我们之间有一片大海。"至此,阿拔斯王朝与科尔多瓦的斗争暂时告一段落。

实际上他们势均力敌。拉赫曼一世与他的仇敌阿拔斯王朝的曼苏尔一世有很强的相似性,他们都以谨慎著称,精力旺盛,又擅长理政。虽然拉赫曼一世棋逢对手,但是最终他取得了胜利,之后却又不得不忙于镇压安达卢西亚内部的叛乱。阿拔斯王朝和科尔多瓦政权进入了暂时的缓和阶段。

然而,对于阿拔斯的统治者而言,不敢轻易动用军事力量并不代表巴格达对于这个远在天边但却时刻威胁自身利益的科尔多瓦政权放下戒心。相反,巴格达的统治者从来没有放弃颠覆和策反科尔多瓦的后倭马亚政权,只是千里奔袭、劳师远征,胜负难定。因此,阿拔斯王朝更倾向于秘密的间谍工作以及通过外交手段来寻求目标一致的盟友共同对付这个宿敌。因此,为了对抗后倭马亚王朝统治下的西班牙,阿拔斯王朝采取了远交近攻的政策。[1] 这时崛起的法兰克帝国就是最佳的合作伙伴。

实际上,阿拔斯王朝与查理曼治下的法兰克王国之间的友好关系可以追溯到"矮子"丕平时期。765年法兰克人出使了巴格达,768年阿拔斯使节抵达法兰克王国。他们往来的目的似乎就是共同对付西班牙后倭马亚王朝。而且在查理曼和哈伦之后,阿拔斯王朝与法兰克王国继续保持着友好关

---

[1] 默父:《阿拉伯帝国》,三秦出版社,2000,第261页。

第三章 科尔多瓦帝国与加洛林及萨克森的交流与碰撞

系,查理曼之子"虔诚者"路易(814—840年在位)也接待了哈伦之子马蒙(813—833年在位)派出的使节,双方于831年在蒂永维尔签订了一项和平条约。到法兰克王国解体后的十世纪,法兰克王国的后继者与阿拔斯王朝都还有往来。906年意大利王国的女王贝尔塔向阿拔斯哈里发穆克塔菲一世(902—908年在位)送去了信和厚礼。礼物包括五十把剑、五十副盾牌、五十支矛、二十件用金织的衣服、二十名斯拉夫阉奴、二十名斯拉夫年轻女奴、十只大型猛犬、七只隼、七只猎鹰、一个丝绸帐篷、二十件彩色羊毛服装和三只法兰克鸟等。贝尔塔寻求双方的友好关系,甚至提出与穆克塔菲一世结婚。但是这个故事有诸多疑点,如:贝尔塔在906年尚有配偶;她已有四十多岁,而穆克塔菲一世仅二十多岁;几乎就是那时穆克塔菲一世与原埃及突伦王朝统治者胡马赖韦·本·艾哈迈德(884—895年在位)的女儿结婚。

797年,查理曼派遣使臣前往巴格达拜谒阿拔斯王朝的最高统治者哈里发拉希德(Rashid),向他表达了自己的问候以及敬意,希望两国能相互交好。可能是801年,巴格达的哈里发哈伦·拉希德向查理曼大帝赠送了一只名为Abul-Abbas的亚洲象和一个时钟作为回礼表达礼尚往来之意。在查理曼称帝之前的799年年末,他接待了一位来自圣城耶路撒冷的使者,并且在800年年初神父扎迦利亚再次作为使者一路陪同护送耶路撒冷的长者返回，即便使臣并非来自阿拔斯王朝政治中心的巴格达。作为圣城耶路撒冷，其所派遣的使者自然是代表了阿拔斯统治者的祝福，因此即将在罗马加冕的查理曼此时接收到了来自圣城长者的祝福。

在这样的背景之下，查理曼大帝与拉希德之间达成了这种攻守同盟的默契。他们之间建立了友谊，双方的关系自然是建立在利己主义基础之上的。查理曼认为拉希德是自己的盟友，一致对抗与他敌对的拜占庭。而拉希德则想利用查理曼的力量打击后倭马亚王朝科尔多瓦政权，实现自己称霸阿拉伯世界的野心。二者可谓各有所需。在这里，维系双方同盟关系的不仅仅是科尔多瓦政权，还有横跨欧、亚、非的拜占庭帝国，前者之于阿拔斯王朝和后者之于法兰克王朝的威胁是一致的。正是这双重的威胁以及双方之间所处的局势和状况相似，地中海东西两岸国际局势的分野将相隔万里的查理曼大帝与拉希德哈里发联系在了一起，建立了同盟关系，共同对付科尔多瓦埃米尔国以及拜占庭帝国。

尽管阿拔斯王朝与法兰克王国之间有过很多次友好往来，也有过订立盟约的行为，但似乎并没有采取过实质性的联合军事行动。

（四）查理曼时期的加洛林与科尔多瓦政权

普瓦提埃战役之后，查理曼大帝再次打破了双方暗流涌动的平静状态。777 年，查理曼率领法兰克大军翻越比利牛斯山脉向南边大军压境，并进一步整合伊比利亚半岛北部，向科尔多瓦拉赫曼一世发起了挑战。然而这次由北向南跨越比利牛斯山的进袭与曾经 732 年的由南向北的突袭一样遭遇到了挫折。由于法兰克帝国的东部发生了萨克森人的叛乱，其不得不抽调部队前往镇压，造成了法兰克军事实力的分散，部将罗兰并没有抵挡住拉赫曼的军队，反倒是在两军的交锋过程中丧命于战场，进而法兰克军队被阿拉伯人击溃，只能无功而返。[1] 法兰西历史上关于查理曼的这场滑铁卢的战役，有人谱写了一首动人心弦的史诗《罗兰之歌》并广为流传，是阿拉伯人与法兰克人之间直面迎战的历史记忆。[2] 这次法兰克人进攻的失败反倒进一步强化了前面论述的加洛林与阿拔斯的同盟关系。同时，查理曼积极地收买、笼络甚至策反那些反对拉赫曼一世的势力，企图以这样内外相勾结的方式

---

[1] 刘源：《查理曼加冕称帝探究》，硕士学位论文，暨南大学，2015，第 13 页。

[2] 胡岳：《论西班牙穆斯林王朝覆灭的原因》，硕士学位论文，上海外国语大学，2007，第 21 页。

来共同对抗并最终瓦解其政权。其中处在法兰克王国与科尔多瓦之间的重镇是萨拉戈萨。萨拉戈萨总督并不屈服于拉赫曼的威权而准备起兵造反,对于拉赫曼以及其继任者来说,它都是政治上的麻烦。萨拉戈萨总督会见了查理曼的大使。查理曼大帝的军队受邀帮助巴塞罗纳和萨拉戈萨对抗科尔多瓦的哈里发。不过,萨拉戈萨的总督与查理曼之间的合作自然是由于双方各怀鬼胎而存在着极大的变数,最后也很难达到预想的目的。当查理曼的大军开往萨拉戈萨时,总督突然反悔。他担忧查理曼的野心绝不仅仅是帮助其防卫拉赫曼的进攻,他意识到查理曼大帝想夺取他的权力。占领苏莱曼之后,查理曼大帝的部队最终在比利牛斯山脉的一条狭窄关口返回法兰克。因而,这种联盟瞬时破裂。然而,没有查理曼的助攻,萨拉戈萨总督处于孤立无援的境地。这时,拉赫曼收买了总督的部将并承诺如果将其刺杀成功就将该地区的统治权交给他,前提是萨拉戈萨必须臣服于科尔多瓦的统治。不过这位表面上臣服的新任将领也很快造反,只是这次动乱很快被拉赫曼扑灭。拉赫曼的军队杀入城内,扑灭了叛乱,也收复了统治权。从而,拉赫曼一世也成功地化解了查理曼想要通过渗透科尔多瓦的内政,利用其内部矛盾来达到肢解、破坏和颠覆其政权的企图。这种颠覆的企图要么被安达卢西

第三章 科尔多瓦帝国与加洛林及萨克森的交流与碰撞

亚成功化解,要么就进一步促成了半岛北方势力的独立,但却并未能让比利牛斯山以北的法兰克人从中得到多少实惠和利益。例如,半岛东北部被查理曼极为看重的加泰罗尼亚地区,在查理曼的帮助之下形成了巴塞罗那伯爵领地。法兰克人不断地尝试进逼南方的穆斯林政权,在801年的时候将穆斯林从巴塞罗那驱逐出去,从而在一定程度上使得其与伊斯兰政权之下的疆土和势力之间有了一定的缓冲区,进一步稳定了南方疆界的安定。作为夹缝当中的政权,其实也正是受惠于这样的地位而游走于两个政权之间,反倒是为自身获得了更多的自主性,尤其是在查理曼大帝薨逝之后整个加洛林王朝在继承分割的乱局之下不可阻遏地走向衰败的时候,这种处于边境地带的地方势力更是趁机将自己的地盘和势力做大。他们基本脱离了法兰克王国的有效控制,成为当地伯爵的世袭领地,割据一方。而且,巴塞罗那伯爵趁势几乎接管了加泰罗尼亚地区的大权,由于历史上的离心力和独立性,这一地区一直很难融入西班牙社会。

历史总是有惊人的相似之处,无论是法兰克宫相查理·马特阻遏住阿拉伯军队不断前进的脚步,还是这次安达卢西亚王国阻止了查理曼大军的进攻,都是占主导的、强势的一方在其扩张和拓殖的过程中遭遇到了防守一方的有效阻挡,只能铩羽而归,终结了其不断向前的脚步。比利牛斯山两方在不断的冲突中最终确定了政权的边界。

（五）拉赫曼几任继任者时期与加洛林的碰撞

查理曼去世后，加洛林并没有停止向比利牛斯山脉的西部和东部渗透。他在793年发起了一场针对法兰克人的圣战，向吉罗纳和纳尔博内派遣了军队，但这些据点依然非常牢固。倭马亚将军乌迈亚德阿卜杜勒·马利克·伊本·阿卜杜勒·瓦希德·伊本·穆吉斯在前往卡尔卡松的途中相对幸运，在那里他击败了虔诚的加洛林式导师路易斯·奥兰治的威廉。然而，令人惊讶的是，这次远征并没有深入加洛林内地，而是获得了大量的战利品和众多的奴隶，这反过来为扩大科尔多瓦大清真寺提供了物质基础。

之后的哈基姆一世忙于内政，当政仅26年就早早去世，与加洛林之间的交流不多。随着843年加洛林的解体，新的政局变化也使得科尔多瓦与加洛林原来的诸多碰撞趋于平静。

第三章 科尔多瓦帝国与加洛林及萨克森的交流与碰撞

第二节 科尔多瓦拉赫曼三世与萨克森奥托一世的交流

（一）奥托一世派遣使节到科尔多瓦宫廷的背景

经过九世纪几任埃米尔的经营，到拉赫曼三世统治时期，科尔多瓦政权进入鼎盛时期。拉赫曼在十世纪二十年代初支持北非的马格哈拉瓦人反对法蒂玛王朝的扩张并升至哈里发，而使科尔多瓦真正进入了帝国时期。科尔多瓦政权在拉赫曼三世的带领下也再次进入扩张的阶段。从912年到929年，他自称科尔多瓦的哈里发，直到去世。

拉赫曼三世的扩张必然与北方政权再次狭路相逢。欧洲南部局面持续升温。倘若普瓦提埃战役是以整个阿拉伯帝国的势力为背景和支撑的，科尔多瓦政权则是单独作战，是与巴格达的阿拔斯王朝和埃及的法蒂玛王朝三足鼎立的争锋为背景。相比于后两者，被困在伊比利亚半岛上的科尔多瓦政权必须向外拓展，以争取更多的生存空间才能发展自身的势力，从而不仅能与他们比肩，而且自身以倭马亚王朝正统后裔自居的科尔多瓦政权才能真正地超越他们成为阿拉伯帝国名副其实的最高统治者，而并非仅仅停留在外交辞令上。

正是这样的雄心与抱负，跨越比利牛斯山再次成为拉赫曼三世军事进攻的目标。只有这样才能突破由于地域限制所形成的瓶颈，迅速推动科尔多瓦帝国的发展和壮大。正是基于这样的战略，科尔多瓦政权再次出兵西欧。然而，比利牛斯山就如同魔咒一般钳制着双方想要吞并彼此的野心和抱负。和之前的进攻一样，这样的远征最终以失败告终。939年，拉赫曼三世进军半岛北方，结果受到重创，几乎全军覆没。拉赫曼三世戎马生涯近27年，东征西讨从未停歇。这是他遭受的第一次滑铁卢，而且是遭遇到的一次重大的挫折，损兵折将惨重。[1] 比利牛斯山再次成为双方之间难以跨越的障碍。

这时神圣罗马帝国新时期的代表萨克森帝国与极盛时代的科尔多瓦政权不可避免地发生交流与碰撞。对于对领土有着极大野心的奥托来说，在易北河以东的拓殖运动是其当政时期的主要战略。同时，因为强大的军事力量以及与勃艮第的阿德尔海德的婚姻关系基本垄断了意大利半岛，他的主要精力集中在帝国内部、东部边疆和南部意大利。他的矛头并未曾明确地指向过西南方比利牛斯山以南的伊比利亚半岛。两者之间横跨着西法兰克王国，也即后来的法兰西王国，它成为两国政权之间直接碰撞或者直接交往的缓冲地带和过渡

---

[1] 胡岳：《论西班牙穆斯林王朝覆灭的原因》，硕士学位论文，上海外国语大学，2007，第21页。

第三章　科尔多瓦帝国与加洛林及萨克森的交流与碰撞

地带。同时，直到 955 年，持续不断的内乱和东边匈牙利人的入侵时刻都在考验着奥托一世，威胁着从其母邦到萨克森王国甚至到整个神圣罗马帝国的安危与统一。而且，由于其意大利政策，他从 966 年到 972 年长期不在萨克森而身处意大利，这种长时间的缺位是时刻能够被感知到的，这造成了萨克森人对其忠诚度的考验，其间爆发了两次较大的争夺王位的叛乱。这就意味着尽管萨克森有着强大的军事力量，但是内部并不稳定，无暇西顾。而这时拉赫曼三世也在平定国内几次大的叛乱，也无暇东顾。实质上，双方实力基础也不一样。奥托一世之前并不像科尔多瓦的拉赫曼一样有着统治的资本，直到他 962 年加冕称帝。因而，双方都并没有向着彼此扩张的雄心和能力，以西法兰克王国为过渡地带，双方实质上实现了一种远距离的和平。在地缘关系上，双方交流的频率不高。因此，可以说在历史上科尔多瓦与萨克森帝国之间直接交流的记录很少。双方之间的交往主要是集中在拉赫曼三世与奥托一世时期。

作为查理曼帝国的继承者，萨克森-奥托王朝的统治者统治着东法兰克王国和北意大利。在东部，他跨过易北河，征服斯拉夫人。与勃艮第阿德尔海德的婚姻更是促成了他在 962 年的加冕。因此，前加洛林帝国的东部作为基督教西方最高"国家"的统治，与拜占庭和西班牙哈里发的宫廷保持联系，维持着比加洛林帝国真正但更有限的文化复兴。

科尔多瓦政权与萨克森之间的直接交往是以弗雷辛尼特要塞为中心和基地的。安达卢西亚政权与它们之间的关系在史学界向来是颇有争议的，究竟是直接隶属还是完全独立，还是某种居间的关系——把拉赫曼视为弗雷辛尼特的盟友。因而安达卢西亚不应当介入弗雷辛尼特的事务当中，但是也希望弗雷辛尼特能尊重拉赫曼与某些法兰克人所达成的有关自由贸易的协约，而不要横加阻碍和肆意破坏。相对而言，过往学者倾向于认为西班牙科尔多瓦政权并没有积极支持弗雷辛尼特的军事行动，科尔多瓦政权中的相关精英并没有对弗雷辛尼特的活动给予过非常多的关注。也就是说，弗雷辛尼特的行动并不是在科尔多瓦统治阶层的直接策划和支持之下发生的。然而对于在法兰克王国南部的这些萨拉森人的军事动作，科尔多瓦也并不是浑然不知的，只是以一种默认或者默许的态度任其发生着，不积极介入，采取的是一种介于既不支持也不反对之间的模棱两可的暧昧态度。因而，可以说双方之间存在着一种松散的联系和维持着若即若离的关系，但是无论其实质上是怎样的关系，对于外界而言，他们则很容易被认定是一体的，弗雷辛尼特的穆斯林的所作所为几乎是被指摘为科尔多瓦的明确旨意或者暗中唆使，从而，外交活动的范围以及战争发展的方向很容易会从局部推向整体,最后还是会将背后的整个王国和政权牵绊其中。

也正是在这样的基础上,萨克森帝国与萨拉森人的交流演变成了其与整个安达卢西亚的关系,只是这种关系并不是以战争和冲突的形式展现出来的,而是采取了和平对话的方式,但是其对象是指向拉赫曼三世的。

这些让人闻风丧胆的萨拉森人已然进入了萨克森帝国扩张战略的图景中。他们占据着阿尔卑斯山脉的关口,其破坏力已经染指到了意大利半岛之上,从而构成了一种必须除去的威胁。而且,如前文所述,伦巴第王国借力打力的方式欲将他们收为己用,为其戍卫北方边境,抵御萨克森军队的侵袭。而伦巴第国王突如其来的态度扭转,也进一步促成了奥托一世与拉赫曼三世之间的联系。如上文所言,伦巴第国王之所以中途改变,是由于其预测到自身所处的环境极为微妙,稍有不慎,自身的地位和性命将会不保,其中一个重要的威胁就是来自阿尔卑斯山以北但是始终对于意大利充满了政治野心和报复的奥托一世,后者已然与罗马教皇暗中来往铸就了某种针对伦巴第的攻守联盟,伺机对其出手。这种来自劲敌的虎视眈眈让雨果犹豫并且反悔,决心要终止与穆斯林人的战斗,反而摒弃前嫌,重修旧好。面对内外困局,雨果能够摆脱困境的唯一方式就是拉拢萨拉森人,说服萨拉森人能够作为边境的防卫力量,继续占有通往伦巴第的所有关卡。

对于雨果而言，这是危难时刻的权宜之计，却完全符合萨拉森人的利益，他们在阿尔卑斯山脉西边的关隘至少不会受到伦巴第国王的挑战，反倒因为后者所面临的困难而得到了他的承认，从而伦巴第国王能将萨拉森人的军事力量为己所用共同抵抗萨克森帝国咄咄逼人的锋芒。而且，伦巴第国王的橄榄枝并非仅仅递给弗雷辛尼特，而是想要以此为媒介进而与在伊比利亚半岛上的安达卢西亚政权建立联系，与拉赫曼三世建立联盟。即便这种联盟并非真正指向萨克森帝国，但是能够获得拉赫曼三世的支持也使其地位和威权得到了暂时的保障。更何况，他也希望双方的贸易往来始终顺畅。正是雨果的这番操作，间接促使萨克森帝国和科尔多瓦帝国形成了间接对峙的状态，尽管还只是名义上的。

随着952年伦巴第国王的离世，奥托一世的权势进一步伸向了这一区域。其权势在这个区域进一步扩展，影响力变得越发具有影响力，弗雷辛尼特的存在自然变成了其无论如何都不能回避的问题。萨拉森人在伦巴第国王雨果的默许之下扼守住了阿尔卑斯山的关隘，并在那里为所欲为，直接武装劫掠来往的商人或者朝圣者，还很有可能变相地强征过路税。在941年的官方协定之后，他们发现有时候作为征税者的角色比起作为劫匪进行直接抢劫更加有利可图。这种肆无忌惮地拦路抢劫或者行使所谓的管辖权而向来往的商旅征税

第三章　科尔多瓦帝国与加洛林及萨克森的交流与碰撞

的行为进一步培植了自己的势力,奥托则倍加感到了他们的威胁,不得不采取措施应对。

(二)奥托一世与拉赫曼三世互派使节

奥托一世也更倾向于采用外交而非军事攻克的战略,期望与安达卢西亚建立友好关系,目标是促使科尔多瓦有效制约这些进入欧洲腹地的萨拉森人的攻击性行为。西欧人认为他们隶属于科尔多瓦政权,认为拉赫曼三世一直在向弗雷辛尼特源源不断地输入新鲜的补给力量,双方之间的这种关系的的确确能被所占领地区的民众真实地感受到。无论是西方民众还是君主,都基本认为萨拉森人与科尔多瓦政权有着直接的关系。哈里发本人理应对于法兰克王国南部的这种持续不断的劫掠和骚乱承担不可推卸的责任。

对于奥托一世来说,让他们仍旧驻扎或者出没于他的势力范围之内并不是长久之计,他一心想一劳永逸地将他们彻底驱赶出这片土地,永不再回来。他在 968 年表达了摧毁弗拉克斯内图姆社区的愿望,保证在上帝的帮助下摧毁萨拉森人。然而,想要实现这样的目标却是困难重重。与东部边疆采用军事征服不同的是,奥托一世并没有过多地使用武力来应对萨拉森人,进而去清缴弗雷辛尼特这个基地或者进而向科尔多瓦发难挑起双方的战事,虽然奥托一世也曾设想过对萨拉森人出兵。在写给萨克森公爵的信函中,他明确表达过想要与弗雷辛尼特开战的企图。然而在他统治时期,太多的事情转移了其注意力,进而使得这个计划不断地推迟,直到最后搁浅。因而萨拉森人继续占领该地区,并骚扰当地居民,并没有遵守与法兰克人在这一地区的自由协议。这些军队还定期袭击奥托在意大利北部和其他地方的领土。即便如此,出于轻重缓急的考虑,奥托一世仍旧以外交斡旋配以小规模的狙击为主要战略,从而分而治之,因为他坚信安达卢西亚的拉赫曼是萨拉森人劫掠的始作俑者。科尔多瓦政权无论在物质上还是精神上都在支持他们的军事游击活动,如果奥托擅自采取军事行动,会给双方将来的外交带来诸多不便。于是他派出使节向科尔多瓦哈里发伸出橄榄枝,以求建立双方的友好关系,从而希望后者能约束这些穆斯林的军事活动,这就成为双方一系列外交活动的起点和原因所在。奥托一世在950年给拉赫曼三世写了一封信。为了表示敬意,拉赫曼特意选派了一名莫扎勒布主教领衔出使萨克森,以便能够实现友好的交流。此次造访虽然得到了奥托一世极为盛情的款待,但不幸的是,哈里发回复奥托一世的信"严重冒犯了基督教",代表团被强行扣留了将近三年之久。第一次的互访并没有产生任何实质性的结果。

　　奥托一世尝试了第二次的接触,最终让拉赫曼的使团带

第三章　科尔多瓦帝国与加洛林及萨克森的交流与碰撞

着一封信送给哈里发，信由科隆大主教布鲁诺起草。这封信由来自洛林的戈尔泽修道院的修士约翰随身携带。约翰是一名学识渊博且对皇帝本人忠心耿耿的修士。其归国之后升任戈尔泽修道院的院长。953年，约翰带着奥托一世的指示和书函以及诸多贵重的礼品一路跋涉来到了安达卢西亚的政治中心科尔多瓦，并且被安置在了一处离哈里发皇宫不远的地方住下。约翰在科尔多瓦待了将近三年之久。约翰所呈上的奥托一世的书函很可能并没有直接呈递给哈里发，而是先呈给了哈斯代·伊本·沙普鲁特。他是拉赫曼三世的外交事务代表，是身居高位的莫扎勒布。他通晓希伯来文、阿拉伯文以及拉丁文，他的博学强知使他成为哈里发的左膀右臂，他尤其在外交场合中发挥了重要作用。他的优秀也被其对手所称道，约翰就曾感叹道他从未见到过任何人像哈斯代那样学识渊博。在接待的时候得知这封公函当中含有对于他们的信仰不敬甚至诋毁的语言和内容，因此他认为这样的信函是不适合直接呈递给哈里发过目的。为此约翰和哈里发的使者们在科尔多瓦进行了多次谈判，请一个志愿者去奥托的宫廷重新要求一封信，提出在他回来时随时奖励他。

这个人就是雷希蒙德。我们第一次见到他是在留特布兰德的叙述中。他在哈里发的宫廷担任了一个职位。雷希蒙德从伊比利亚半岛向北旅行，在法兰克福会见了奥托一世，准备好了新的外交信件。雷希蒙德于956年7月初回到科尔多瓦。哈里发得到了安抚，因此戈尔泽的约翰被允许回到了奥托一世的宫廷。以雷希蒙德为中心的安达卢西亚代表团一行在当年的春末启程离开，大概在两个半月之后的八月份抵达了戈尔泽。同样，拉赫曼的使臣们也受到了萨克森统治者非常热诚甚至尊贵隆重的接待。

奥托一世再次致信拉赫曼，委托雷希蒙德转交其君主，再次表达了其与安达卢西亚建立和平协定的强烈愿望，希望双方能够维持彼此之间的友好往来，从而使得弗雷辛尼特的萨拉森人能够遵守王命、放下武器、停止劫掠。为了促成这个盟约的尽快达成和实现，奥托一世还请雷希蒙德代表团尽快返回伊比利亚，向其统治者再次传达他本人的真情实意。于是雷希蒙德在完成了拉赫曼所交代的外交任务之后离开了法兰克福。

在这次安达卢西亚使臣离开的同时，萨克森代表与其随行共同前往科尔多瓦。这次奥托一世的代表大臣是凡尔登的杜多，他携带着奥托的亲笔御书以及礼品踏上了面见拉赫曼的行程。956年6月21日，科尔多瓦皇庭设宴款待了来自萨克森的使臣。回到科尔多瓦后，雷希蒙德为他在奥托宫廷的成功谈判获得了报酬。哈里发给了他格拉纳达的埃尔维拉主教职位，他被任命为牧师。他还向哈里发哈基姆二世（拉赫

第三章 科尔多瓦帝国与加洛林及萨克森的交流与碰撞

曼三世的儿子）提交了一份包含佩拉吉乌斯和其他科尔多瓦的基督教殉道者的节日的日历。在与萨克森的友好交流中，拉赫曼三世的儿子哈基姆二世基本延续了其父亲的外交路线。

关于这些使节的互访以及与他们觐见双方国家最高统治者的具体内容和细节已然淹没于历史的长河中。之所以没有留下非常明晰的历史记载，也很可能是因为双方之间的这种外交交往最终并没有产生什么实质性的成果。对于奥托一世的呼吁和请求，似乎拉赫曼三世并未给予同样热诚的回馈。毕竟无论拉赫曼与弗雷新尼特之间是怎样的关系，是近还是远，是直接还是间接，是紧密还是疏离，幕后的始作俑者还是毫无瓜葛；这都使得拉赫曼无法正面积极应对奥托一世的诉求。毕竟倘若是前者，作为既得利益的拉赫曼不可能牺牲自己唾手可得的利益来满足奥托的请求；倘若是后者，科尔多瓦政权与以弗雷辛尼特为中心逐步扩展至法国、意大利北部以及瑞士南部的不稳定、不成熟且具有偶发性的临时政权之间的确是牵扯不深。他们一直都是将这种冒险行动看作一次异常成功的夏季入侵，仅此而已，因而鞭长莫及，只能是爱莫能助。

另外，奥托与拉赫曼之间的交往在同一时代赫罗茨维塔的文学作品中也有映射。赫罗茨维塔是萨克森北部甘德谢姆的萨克森皇家修道院的女圣徒,她写了戏剧和其他作品。在她的戏剧中,记录了这样的故事。一个叫佩拉吉乌斯的人因演讲才能和面容美丽被带到拉赫曼三世面前,这时他还不是哈里发。拉赫曼试图亲吻佩拉吉乌斯,他转向他说:"一个已经受洗的基督徒,不适合屈服于野蛮人的拥抱,也不适合接受淫荡的人的引诱。"这时,佩拉吉乌斯责备统治者,不是因为他的同性恋倾向,而是因为他是一个异教徒,一个魔鬼的崇拜者,试图与一个基督徒建立亲密关系。在奥托一世与拉赫曼互动的背景下,这个故事特别有趣的是,赫罗茨维塔声称她的描述出自一个科尔多瓦人的讲述。

之所以她是这样的立场,我们要了解她的出身。赫罗茨维塔所在的皇家修道院里,隶属于女修道院院长格尔伯加二世。格尔伯加是奥托一世的侄女,是奥托一世的弟弟巴伐利亚公爵的女儿。她还批评哈里发对佩拉吉乌斯王朝继承的兴趣:在我们这个时代,那个种族的后代继承他祖先的统治。他比他们更糟,浑身淫荡,他叫拉赫曼三世,他因王位的荣耀而傲慢。由此可见赫罗茨维塔的立场。相比之下,她强调了奥托一世和他的家族创造的奇迹,以及奥托王朝的延续。从赫罗茨维塔的写作立场,我们可以看到她对奥托皇室的拥护,以及对科尔多瓦阿拉伯政权的厌恶,甚至还有她自视自己文明的高贵,鄙夷异域文明的心态。

第三章 科尔多瓦帝国与加洛林及萨克森的交流与碰撞

综上所述,由奥托一世首先发起的向安达卢西亚遣使的外交互动最终只是一种徒然的尝试,不仅没有产生实际性成果,并且似乎也因没有多少可以书写的价值而被史家抛之脑后,从而渐渐地淹没在历史的长河当中。无论结果是奥托一世自己所期望达到的依靠拉赫曼的威权来遏制萨拉森人,还是以今视古来看奥托一世统治下的萨克森帝国以及拉赫曼三世控制下的科尔多瓦国家之间从此之后是否进行了更为直接的交往,无论是战争还是和平,无论是统治者个人的意志还是历史趋势的发展,双方在十世纪五十年代的交往都没有产生任何可以改变历史走向的功绩,也没有产生极为深远的影响,这或许就是古今历史学家对其并无多少重视的原因。

虽然结果是重要的,但是却不能完全用结果来代替过程。不能把过程等同于结果,结果的失败并不能真正将过程作废,毕竟双方做出过双向奔赴的努力,无论这种努力最原初的动力是掩藏着还是标榜着怎样的企图和目的,无论这种努力是由于怎样的偶然性而触发的。虽然很快,这些以弗雷辛尼特为中心的劫掠活动逐渐被镇压下去。奥托一世所采取的外交政策在潜移默化中可能产生了某些积极的作用,这种潜在的作用反倒是在拉赫曼三世的继承者哈基姆二世的身上表现较为明显和突出。与拉赫曼三世的赫赫战功相比,其子哈基姆二世的脾性则更加平和与包容,这使得其在位期间的政策走向平和，这一点既反映在了伊比利亚半岛上——哈基姆二世一方面延续其父亲的政策对于北部的基督教王国时常进行武装袭击，并且也仍旧继续从北非招募众多柏柏尔人前来维持并增强其军事实力和武装打击能力，另一方面也热心地营建与北方的外交关系，譬如热情接待了来自纳瓦拉和莱昂的摄政王以及卡斯蒂尔、加利西亚和巴塞罗那等地伯爵所派来的外交使节团，可谓是文武兼用；同样也反映在了其与弗雷辛尼特的关系之上。他并不赞成甚至反对萨拉森人在欧洲中部的不受制约的劫掠行为，这一度造成了穆斯林政权与基督教王国之间紧张的关系。即便哈基姆并不能以最高统治者的身份敕令这些萨拉森人放下武器、停止抢夺或者返回伊比利亚半岛，但是至少可以减少对他们的支援，通过减少甚至完全暂停补给和援助来在一定程度上钳制他们的行为。哈基姆拒绝给予从西班牙港口前往弗雷辛尼特的增援力量的允准，而这个决定很可能是受到了奥托一世此前所派出的外交使节团的影响。这就让身处欧洲腹地但为数并不多的萨拉森人逐渐失去了优势，从而结束了其在欧洲中部纵横驰骋长达将近百年之久的历程，萨拉森人或者弗雷辛尼特这个曾经令人毛骨悚然、闻风丧胆的名号也逐渐尘封在历史当中。

第三章 科尔多瓦帝国与加洛林及萨克森的交流与碰撞

第三节 西方与科尔多瓦之间的文化交流

西方经历了加洛林文化复兴和萨克森的奥托文化复兴，科尔多瓦经过拉赫曼几代的经营，走向文化繁荣。西方与科尔多瓦之间虽然在信仰上不同，但并没有影响其他文化方面的交流，双方在建筑、图像、科学等领域都有相互的影响。

由拉赫曼三世所创立的科尔多瓦大学是当时世界上最著名的大学之一，这里同时吸引着穆斯林和基督徒学生，学生不仅来自西班牙各地，还有来自欧、亚、非各国的，学校规模达到了数千人之多。科尔多瓦大学有整个欧洲医学中心的美誉，于是这吸引了许多西欧的传教士和贵族们，他们抑或派人前往，抑或亲自千里迢迢奔赴西班牙学习，当时科尔多瓦大学在医学方面可称颂为世界的翘楚。除了求医之人，造访的使者、旅行者以及留学生也是逐渐增多，他们不断将阿拉伯文化以及被转译成阿拉伯文的古希腊罗马文化典籍带回欧洲。因此，在数个世纪中，阿拉伯文明的影响从西南角的伊比利亚半岛逐渐扩散开来，向着整个欧洲传播，例如从托勒多经过比利牛斯山传到了普罗旺斯以及法兰克王国南部的城市，再进一步传播到其他地方。[1] 使徒约翰在停留安达卢西亚期间也亲眼见证了拉赫曼三世统治的繁荣以及科尔多瓦帝国文化的昌盛，了解了其在文化与科学方面的成就与进步，还从半岛把手稿带回了他在洛林的修道院，推动了人们对科尔多瓦文明的了解。

西方对于科尔多瓦的影响也体现在一些方面，圣地亚哥大教堂墓葬 A 区中描绘的 24 个皇室人物中的一些人的风格模仿了加洛林帝国或奥托帝国的风格。墓区中那些留着胡须的脸和尖尖的帽子让人想起了加洛林和萨克森的形象，如查理曼大帝和他儿子丕平的形象。查理曼大帝和丕平戴着锥形的帽子。

学者吴长春认为，欧洲基督教文明与伊斯兰文明的接触与交流主要是在阿拉伯人统治之下的西班牙半岛和西西里岛实现的，这两座桥梁将希腊罗马文化和阿拉伯文化带入欧洲。

第四节 小结

西方与阿拉伯之间的交流与碰撞，真正第一次激烈的交

---

[1] 吴长春：《阿拉伯文化传播到西欧的途径》，《世界历史》1987年第3期。

第三章　科尔多瓦帝国与加洛林及萨克森的交流与碰撞

锋就是普瓦提埃战役。法兰克王国的查理·马特成功地消磨了阿拉伯军队的锐气,给其军事力量以沉重的打击。普瓦提埃战役有着深远的历史意义。它一定程度上保护了欧洲文明的独立发展,之后地中海区域各大文明圈的区域基本固定,奠定了以后文明发展的格局。对于当时地中海的政治格局来说,其为将来加洛林-萨克森、拜占庭、科尔多瓦政权之间的交流与制衡创造了历史前提。查理·马特能够在关键时刻力挽狂澜,让阿拉伯人止步于欧洲南部,在某种程度上塑造了欧洲的历史。普瓦提埃战役之后,西方与阿拉伯之间基本上就没有大的碰撞。为了制衡科尔多瓦政权,加洛林发展了与阿拔斯王朝的友好关系。

阿拉伯在欧洲大陆有一些小的据点,比较著名的就是弗雷辛尼特。正是该据点内萨拉森人在意大利的劫掠促使东法兰克-萨克森主动与科尔多瓦哈里发取得联系,进行友好的交流。双方频繁派遣使者,表达友好的意愿。虽然其间因为文化差异产生了很多误解,但并不影响两位卓越的君王进行友好交往的意愿。横观整个地中海各个区域在这一时期的交流,尽管西方与科尔多瓦之间的交流并不是那么浓墨重彩,并不是那么灿烂耀眼,但是毕竟开启了地中海北部、欧洲中部与欧洲西南部之间的政治往来、文化往来、经济往来,为人类文明的发展做出了应有的贡献。尤其是科尔多瓦帝国创造了无与伦比的文化繁荣，对欧洲的文化进步产生了积极的影响。科尔多瓦帝国还成为基督教文明与伊斯兰文明交流的重要桥梁。

第四章　拜占庭帝国与阿拉伯国家的交流与碰撞

七世纪，新兴的阿拉伯政权就开始大举对外扩张。在阿拉伯征服运动以前，毗邻阿拉伯半岛的文明、富饶地区主要属于拜占庭帝国和萨珊波斯两大强国。这两大强国之间长期的战争损耗了二者的元气，最终阿拉伯军队以摧枯拉朽之势迅速灭亡了萨珊波斯帝国并征服了拜占庭帝国在亚洲和北非的领土。

七世纪哈里发国家对拜占庭展开了全面的攻势。八世纪初，立奥三世（717—741年在位）建立了伊苏里亚王朝。717年，立奥三世入主君士坦丁堡几个月之后，倭马亚王朝军队兵临君士坦丁堡城下。君士坦丁堡受到了全面的围攻。[1]这次围攻由倭马亚王朝哈里发苏莱曼（715—717年在位）的弟弟麦斯莱麦指挥，是最具威胁的一次围攻。[2]立奥三世显示了卓越的军事才能。他成功利用"希腊火"[3]和阻拦船只的铁链重创了穆斯林舰队，导致后者失败。立奥三世击败了穆斯林军队，拯救了拜占庭帝国，也拯救了欧洲基督教世界。[4]

---

[1] A.A.瓦西列夫：《拜占庭帝国史（324-1453）》，徐家玲译，商务印书馆，2019，第367页。

[2] 菲利浦·希提：《阿拉伯通史（第10版上册）》，马坚译，新世界出版社，2008，第184-185页。

[3] 一种易燃的混合物，可能是石油，使用效果类似火焰喷射器。

[4] A.A.瓦西列夫：《拜占庭帝国史（324-1453）》，徐家玲译，商务印书馆，2019，第367-368页。

第四章 拜占庭帝国与阿拉伯国家的交流与碰撞

倭马亚王朝在进攻君士坦丁堡失败之后并没有偃旗息鼓，而是继续进攻小亚，一度到达尼西亚。立奥三世在其统治末期还于阿克罗伊农（Acroïnon）战役中击败了倭马亚王朝军队，迫使倭马亚王朝从小亚西部退到东部。八世纪中叶，倭马亚王朝被阿拔斯王朝取代。由于阿拔斯王朝定都巴格达，阿拉伯政治中心从叙利亚转移到离拜占庭帝国相对更远的伊拉克。立奥三世的后继者君士坦丁五世（741—775年在位）趁机进攻哈里发国家，将拜占庭帝国在小亚的边界又向东大大推进。[1]

虽然阿拔斯王朝延续了倭马亚王朝对拜占庭帝国的进攻态势，但阿拔斯王朝对外扩张的力度远不如倭马亚王朝，几乎没有征服新的土地。阿拔斯王朝建立不久，哈里发国家就开始分裂，最先分裂出去的是西班牙后倭马亚王朝，然后是北非诸政权。拜占庭帝国与诸阿拉伯政权之间既有碰撞，也有文化、经济等方面的交流。拜占庭文明和阿拉伯文明都是在中世纪历史中占有重要地位的文明，故两大文明之间的交流具有重要意义。

---

[1] A.A.瓦西列夫：《拜占庭帝国史（324-1453）》，徐家玲译，商务印书馆，2019，第370-371页。

第一节　拜占庭帝国与东方阿拉伯政权

阿拉伯帝国的主体部分在中东，位于拜占庭帝国以东，一开始是在统一的倭马亚王朝统治下。倭马亚王朝被阿拔斯王朝推翻后，阿拔斯王朝就成了拜占庭帝国在东方的宿敌。两国之间的交往以战争为主。

（一）与阿拔斯王朝

早在倭马亚王朝时期，在夏季入侵拜占庭帝国就已经成了一种惯例，阿拔斯王朝继承了这个惯例。拜占庭帝国有时也主动攻入阿拔斯王朝境内。在第二任哈里发曼苏尔（754—775年在位）统治期间，拜占庭帝国与阿拔斯王朝之间的战争进入对峙的拉锯战。阿拔斯王朝既要提防拜占庭人的进攻，也必须密切关注美索不达米亚北部的穆斯林军队，他们仍然忠于已经灭亡的倭马亚王朝。阿拔斯统治者刚刚夺取政权，仍须花费大量精力肃清国内的反对派势力，所以不能全力投入与拜占庭帝国的斗争中。总体上两国之间战争的规模和影响都不大。756年或757年曼苏尔还与拜占庭皇帝君士坦丁五世签署了一项关于赎回战俘的协议，而后阿拔斯王朝有七

第四章　拜占庭帝国与阿拉伯国家的交流与碰撞

年没有发动夏季攻势，到 763 年又开始入侵拜占庭帝国。772 年君士坦丁五世向曼苏尔求和，称愿意向其缴纳屈辱的人丁税（非穆斯林臣民向穆斯林统治者缴纳的一种税），可见拜占庭帝国在与阿拔斯王朝的斗争中处于劣势。

曼苏尔的后继者马赫迪（775—785 年在位）在 779 年或 780 年下令修复托罗斯山脚下被拜占庭人毁坏的边城哈达希，并派儿子哈伦讨伐拜占庭帝国。哈伦攻克了拜占庭的城市萨玛鲁和几个要塞。782 年哈伦又率领一支 9 万多人的军队大举进攻拜占庭帝国。哈伦军队从小亚进攻，一直打到小亚与巴尔干半岛之间的马尔马拉海，威胁君士坦丁堡。当时拜占庭帝国掌权者伊琳尼被迫向马赫迪求和，缔结了耻辱的三年停战协定。伊琳尼同意每年向阿拔斯王朝缴纳 7 万或者 9 万第纳尔（金币）的赔款，然后双方交还战俘。此次战役中拜占庭帝国损失了 5 万多人。此战大大提高了哈伦的威望，以致他父亲赐予他"拉希德"(al-Rashīd, 正直者) 的光荣称号，并且立他为第二继承人，在他哥哥穆萨·哈迪（785—786 年在位）之后继任哈里发。[1]

哈伦·拉希德（786—809 年在位）继位后，阿拔斯王朝

---

[1] 菲利浦·希提：《阿拉伯通史（第10版上册）》，马坚译，新世界出版社，2008，第 272 页。

进一步加强了对拜占庭帝国的攻势。在哈伦即位的当年，他就在小亚设立阿瓦绥姆边防据点，作为进攻拜占庭帝国的基地。797年或798年阿拔斯军队攻占了拜占庭的萨夫要塞（位于今叙利亚西北部），兵锋直抵小亚的安卡拉。803年哈伦又派儿子加西姆对拜占庭帝国发动了夏季攻势。在这前后，拜占庭帝国发生了政变，伊琳尼被废，尼基弗鲁斯一世（802—811年在位）即位。尼基弗鲁斯刚登基不久便给哈伦写了一封充满挑衅言辞的信，要求哈伦归还之前伊琳尼向其支付的战争赔款，否则将兵戎相见。哈伦见信后暴跳如雷，在回信中写道："噢，你这异教徒女人的儿子，我已看了你的信。你将看到而不是听到我的回复。再会！"哈伦立即下令进攻拜占庭的边境城市，尼基弗鲁斯一改写信时的强硬立场，立即求和，主动提出每年向阿拔斯王朝进贡，哈伦同意了。但这只是他的缓兵之计，还在哈伦班师回朝路上，他就违背了协定。他这么做是因为当时已经是寒冬，他确信哈伦不能再返回进攻他。尼基弗鲁斯一世出尔反尔的消息传到了阿拔斯王朝，但是没有人愿意将这个消息报告给哈伦，因为他们不愿意在这种天气下返回战场。哈伦最终通过诗人吟唱的诗歌得知了此事。来年，即804年，阿拔斯王朝在夏季又入侵拜占庭帝国，尼基弗鲁斯一世在战斗中受伤后逃跑，拜占庭人惨败，损失了4万多名士兵。805年双方交换了战俘。806年

第四章 拜占庭帝国与阿拉伯国家的交流与碰撞

夏天,哈伦亲率135 000正规军和若干志愿者部队入侵拜占庭领土,攻占了托罗斯山脉北麓重镇提亚拿,并命令就地修建房屋,显示永久占领的决心。尼基弗鲁斯一世被迫求和,不仅同意每年向阿拔斯王朝缴纳高达30万第纳尔的贡赋,还为自己和继承人缴纳屈辱的人丁税。在哈伦·拉希德时代发生的这件事,可以被视为阿拔斯王朝实力达到巅峰的标志。[1] 然而此战并未带来和平,807年战端再起,哈伦再次亲自挂帅对拜占庭帝国发起夏季攻势,但是这一次阿拔斯军队没有讨到便宜。这一次战役后,阿拔斯王朝才暂停了每年夏天对拜占庭帝国的入侵,下一次夏季攻势要等到二十多年后才会发生。

哈伦的去世标志着阿拔斯王朝鼎盛期的结束。哈伦的儿子阿明(809—813年在位)继位,然后他与兄弟马蒙之间发生了内战,内战以马蒙的胜利告终。这场内战严重削弱了阿拔斯王朝的国力,以至于二十多年没有入侵拜占庭帝国。拜占庭帝国也受到了内乱的困扰——820年斯拉夫人托马斯发动了叛乱,一度包围君士坦丁堡,这场叛乱历经三年才被平息。拜占庭帝国遭受了沉重的打击,也无力对阿拔斯王朝发

---

[1] 菲利浦·希提:《阿拉伯通史(第10版上册)》,马坚译,新世界出版社,2008,第273页。

起进攻。

不过，在马蒙和其弟穆阿台绥姆（833—842年在位）统治期间，阿拔斯王朝在对拜占庭帝国的战事中依然占据了上风。830年马蒙恢复了入侵拜占庭帝国的传统，以后每年他都亲自挂帅出征。值得一提的是831年这一次，这次战事的起因据说是拜占庭人屠杀了小亚塔尔索等地阿拔斯臣民约1 600人；还有一种说法是拜占庭皇帝狄奥斐卢斯（829—842年在位）给马蒙写了一封信，信中有对马蒙不敬的内容。马蒙军队再次大获全胜，他的弟弟阿布·伊斯哈格（即日后的哈里发穆阿台绥姆）在此次战役中表现突出。833年马蒙在入侵拜占庭时，食用了拜占庭境内的椰枣和河水，随后便染上了致命疾病。他在临终前将哈里发位传给了穆阿台绥姆，去世后被葬在小亚的塔尔索。

穆阿台绥姆统治期间（833—842年），阿拔斯王朝只对拜占庭帝国发起过一次进攻，即838年的阿莫里翁战役，而且这一场战事是对拜占庭人先前行动的回应。其起因是狄奥斐卢斯率军入侵了阿拔斯王朝在美索不达米亚的齐巴特拉城，俘虏居民，摧毁城镇；然后他又蹂躏了小亚东部的马拉蒂亚城，据说他将1 000多名穆斯林妇女变为奴隶，并以极其残忍的方式虐待被俘的穆斯林男子。据说拜占庭军队人数多达十万。也有人说拜占庭人入侵的原因是阿拔斯王朝阿塞

第四章 拜占庭帝国与阿拉伯国家的交流与碰撞

拜疆巴贝克起义[1]的首领巴贝克写信给狄奥斐卢斯，称哈里发穆阿台绥姆要倾全国之力去攻打他，以此来转移矛盾，缓解自己的压力。拜占庭军队在入侵之后即班师回国，没有留下军队实施占领。穆阿台绥姆得知这一消息后，称其为"一个巨大的灾难"，决定在一切安排妥当之后对拜占庭进行报复。他问臣下拜占庭领土上哪个地方最坚不可摧，被告知是"阿穆里亚"，[2]那是基督教世界的心脏，在基督徒看来比君士坦丁堡的地位更高。[3]于是他决定亲自出征攻克那里，给异教徒以严厉的惩罚。穆阿台绥姆此次出征动用了很多以前没有用过的武器、后勤补给装备，兵分两路，大将阿夫欣率领一路，穆阿台绥姆亲率一路，计划在安卡拉会师。阿夫欣的部队遭遇了狄奥斐卢斯率领的主力，阿夫欣的步兵损失殆尽，但依靠骑兵将狄奥斐卢斯的军队击溃，后者逃跑。安卡拉的人大多已经逃离，无人防守，穆阿台绥姆部队不费吹灰之力将其占领，然后等待阿夫欣前来会师。会师后，大军

---

[1] 巴贝克是胡拉米教（一种创立于8世纪的宗教，传播于伊朗，植根于琐罗亚斯德教）领袖，早在马蒙统治初期就已经起义，但是马蒙没有采取过多措施。穆阿台绥姆继位后，才派大将阿夫欣将其剿灭。

[2] 阿莫里翁在阿拉伯语中的叫法，阿莫里翁位于小亚中部。

[3] al-Ṭabarī, *The History of al-Ṭabarī* (Taʾrīkh al-rusul wa ʾl-mulūk), vol.33, pp.93-97. 穆阿台绥姆以阿莫里翁为目标的真正原因也许是阿莫里翁是拜占庭阿莫里亚王朝的发迹之地。

一齐向阿莫里翁进发，破坏沿途所有的村庄，抓捕遇到的任何人。阿莫里翁的军民严阵以待，做好了守城的准备，然而有一个人却叛逃到穆斯林一方。这个人原来是穆斯林，被阿莫里翁人抓去，改信了基督教，原来他改宗是被迫的。他告诉穆阿台绥姆，城墙有一处原来被暴雨冲垮过，总督在组织修复的时候掺了假，墙内壁只是用碎石填满而已。穆阿台绥姆下令投石机集中攻击那一点，将城墙打开一个缺口。然后穆阿台绥姆命人填平城外的壕沟，使用攻城塔等攻城器械，然而攻城塔轮子陷在壕沟的填充物里，失去了作用。之后穆阿台绥姆下令集中兵力进攻城墙缺口。不久阿莫里翁被攻陷，主帅埃提乌斯和大量的人口被俘。掳获的妇女、儿童和战利品被就地拍卖，然后穆阿台绥姆大军带着俘虏回国。

　　如前所述，穆阿台绥姆统治期间仅对拜占庭人发起过一次进攻，而且还是反击。阿拔斯王朝之所以不再积极地入侵拜占庭帝国，大概是因为阿拔斯王朝忙于镇压国内的叛乱和起义。阿明与马蒙之间的内战给予阿拔斯王朝沉重的打击，埋下了诸多隐患。穆阿台绥姆不仅继承了哈里发位，也继承了一些棘手的问题，如这些叛乱和起义，其中规模最大、持续最久的是阿塞拜疆巴贝克的起义。这场起义始于马蒙统治初期的 816 年，直到 837 年才在大将阿夫欣的镇压下失败。英国学者休·肯尼迪认为，这一时期的各种叛乱看上去是哈

第四章　拜占庭帝国与阿拉伯国家的交流与碰撞

里发中央权威受到挑战，而实际上是中央将地方真正纳入有效控制的过程，因为在哈里发帝国内部有许多地区从未实现过真正的统治，几乎完全独立。阿莫里翁战役对拜占庭阿莫里亚王朝是一次沉重的打击，标志着阿拔斯军队深入小亚对拜占庭帝国进行军事打击的顶峰。穆阿台绥姆之后的哈里发不再亲自率军征讨拜占庭帝国，攻打拜占庭帝国的军队也再未达到838年的规模。842年穆阿台绥姆的去世标志着阿拔斯王朝对拜占庭帝国进攻能力的转折点。黎巴嫩裔美国学者菲利浦·希提写到自穆阿台绥姆以后，"阿拉伯人方面从来没有进行过重要的进攻。他的继任者，虽然屡次派兵越境进犯，但其目的是掠夺，而不是征服。那些冲突，没有一次是具有重大意义的，也没有一次进攻是深入内地的。尽管如此，整个九世纪中，敌对的接触，虽然规模不大，但几乎每年都定期地在东方的边境上发生"[1]。阿拔斯王朝在九世纪逐渐衰落，虽然并未停止对拜占庭帝国的入侵，但这种进攻已不再能威胁拜占庭帝国的生存。[2]

穆阿台绥姆之后的哈里发是他的儿子瓦西格（842—847

---

[1] 菲利浦·希提：《阿拉伯通史（第10版上册）》，马坚译，新世界出版社，2008，第273-274页。

[2] A.A.瓦西列夫：《拜占庭帝国史（324-1453）》，徐家玲译，商务印书馆，2019，第425页。

年在位）。在瓦西格统治期间，拜占庭权臣塞奥克提斯托斯试图夺回克里特岛，[1] 但是未能成功。随后他又领导了抵御阿拔斯军队入侵小亚的战役，但在毛罗波塔莫斯（Mauropotamos）附近遭受了惨败，导致一些对他不满的拜占庭将领倒向敌方阵营。阿拔斯王朝与拜占庭帝国在845年（231年）开展了一次交换战俘活动。为了让此事顺利进行，双方还签署了一项为期40天的停战协定。40天的期限刚到，阿拔斯王朝边境地区的总督艾哈迈德·本·萨义德就对拜占庭帝国发起了一次袭击。由于时值冬季，雨雪交加的天气对进军非常不利，所以阿拔斯军队遭受了失败。瓦西格一怒之下罢免了艾哈迈德·本·萨义德。

穆塔瓦基勒（847—861年在位）时期，阿拔斯王朝又恢复了针对拜占庭帝国的夏季攻势。拜占庭帝国也还以颜色，于852年或853年派海军袭击了阿拔斯王朝在埃及的领土，大肆烧杀抢掠一番后扬长而去，且未受阻拦。拜占庭对埃及沿海地区的攻击可能是穆斯林和拜占庭人争夺克里特岛斗争

---

[1] 814年西班牙科尔多瓦南郊发生了民众反对后倭马亚王朝统治者哈基姆一世（796-822年在位）的暴动。暴动被镇压后，南郊的居民被驱除出了西班牙，一部分人逃往了克里特岛。他们征服了原属于拜占庭帝国的克里特岛，在这里建立了一个埃米尔国，并奉阿拔斯王朝为宗主，但实际上是独立的政权。

第四章 拜占庭帝国与阿拉伯国家的交流与碰撞

的一部分。当时克里特岛的穆斯林从埃及获得武器,所以拜占庭海军此举的目的可能是夺取将运往克里特岛的武器。拜占庭人也多次袭击阿拔斯王朝在小亚和美索不达米亚的领土,掠走人口和牲畜。除了交战,两国之间也有多次交换战俘的活动。然而,穆塔瓦基勒在861年被他儿子蒙塔塞尔与"突厥"[1]禁卫军将领合谋杀害,拉开了阿拔斯王朝衰落的序幕,此后"突厥"将领掌握了大权,乃至左右哈里发的废立,首都萨迈拉陷入了动荡。哈里发国家面临解体,将无法再对拜占庭帝国构成威胁。

虽然阿拔斯王朝已经开始衰落,但并未停止对拜占庭帝国的入侵。哈里发蒙塔塞尔(861—862年在位)刚即位不久便命"突厥"将领瓦绥夫对拜占庭帝国发动了夏季攻势。不过这次战役的目的不是打击拜占庭帝国,而是内部政治斗争的一个计谋:维齐尔(首席大臣,相当于宰相)艾哈迈

---

[1] 中世纪穆斯林文献中"突厥"的含义比我国史籍和古突厥碑铭宽泛,泛指中亚锡尔河以北、以东与突厥人语言相近(甚至不相近)的游牧人群。为避免盲从,本文在提及穆斯林文献中"突厥"与"突厥人"时(指称我国史籍中的诸突厥汗国时除外),均加以引号。参见薛宗正:《突厥史》,中国社会科学出版社,1992,第12、24、700-702页;王治来:《总序》,《中亚通史·古代卷(上)》,新疆人民出版社,2004,第3-4页;王淑梅:《泛突厥主义的历史考察》,《世界民族》2000年第2期,第31页。

德·本·哈西卜与瓦绥夫不和，他便鼓动哈里发蒙塔塞尔与瓦绥夫为敌。艾哈迈德·本·哈西卜建议哈里发派瓦绥夫攻打拜占庭帝国，这样他就可以离开首都，不再对哈里发构成威胁。蒙塔塞尔命瓦绥夫在战事结束后继续留在边境，期限为四年。可惜蒙塔塞尔在位仅一年便去世了。瓦绥夫在前线得知了蒙塔塞尔去世的消息，仍然按计划进攻拜占庭帝国，攻克了一座城，但是他没有留在前线，而是在863年现身萨迈拉，镇压了一起暴乱。

蒙塔塞尔去世后，"突厥"将领将他的堂兄穆斯塔因（862—866年）扶上哈里发的宝座。在穆斯塔因统治期间，对拜占庭帝国的入侵仍在继续。863年阿拔斯将领加法尔·本·迪纳尔领导了对拜占庭人的夏季攻势。他手下的将领奥马尔·本·乌拜杜拉深入拜占庭小亚的领土，结果遭遇了拜占庭皇帝米海尔三世（842—867年在位）亲率的五万大军，奥马尔兵败被杀。865年阿拔斯王朝又爆发了穆斯塔因与其堂弟穆阿塔兹之间的内战，最终穆斯塔因被逼退位，穆阿塔兹（866—869年在位）成为新哈里发。但即便在内战期间，阿拔斯王朝仍未停止对拜占庭帝国的夏季攻势。

穆阿塔兹也是被"突厥人"扶上哈里发宝座的，但他继位后，也很快与"突厥人"有了矛盾。由于国库空虚，士兵的军饷常被拖欠。一些"突厥"士兵向穆阿塔兹提出以支付

第四章 拜占庭帝国与阿拉伯国家的交流与碰撞

军饷为条件替他杀死政敌"突厥"将领萨利赫·本·瓦绥夫，穆阿塔兹竟然拿不出钱来。对穆阿塔兹不满的士兵们倒向了萨利赫·本·瓦绥夫一边，他们冲进了哈里发的宫中，逼迫穆阿塔兹退位并将他囚禁折磨致死。由于政局如此动荡，所以在他统治期间，阿拔斯王朝无力入侵拜占庭帝国。而拜占庭帝国的政局也不稳定，正值马其顿王朝取代阿莫里亚王朝之时，无暇进攻阿拔斯王朝。故在穆阿塔兹时期两国之间没有发生战争。

"突厥人"除掉穆阿塔兹后，又将其堂兄穆赫塔迪（869—870年在位）立为哈里发。这时阿拔斯王朝的政局已经混乱到了极点。被称为"西亚历史记载中最血腥和破坏最大的一次变乱"的僧祇奴（zanj，东非黑人）起义就始于穆赫塔迪时期。"突厥人"内部也是矛盾重重，基层军官和士兵常常得不到军饷，而高级将领却聚敛了大量财富，于是基层军官和士兵要求与哈里发谈判，希望哈里发进行改革，结果不了了之。后来穆赫塔迪派人杀死了"突厥"将领巴亚巴克并将其首级扔在众多"突厥"士兵面前，此举本来意在震慑，结果却激怒了他们，"突厥人"与哈里发之间发生了战斗，哈里发被杀。穆赫塔迪在位不到一年，这段时间内阿拔斯王朝与拜占庭帝国之间也没有战争。

之后"突厥人"又将穆赫塔迪的堂弟穆耳台米德（870—

892年在位）立为哈里发。但正是在此人统治期间，"突厥人"势力衰落。穆耳台米德任命其兄长穆瓦法格为全军统帅，军权在数十年后终于又回到了阿拔斯家族手中。而且穆瓦法格与某些"突厥"将领关系融洽，深受他们的爱戴，所以穆瓦法格可以驾驭他们。穆瓦法格成功镇压了僧祇奴起义，挫败了萨法尔王朝创始人叶尔孤白·本·莱伊斯推翻阿拔斯王朝的企图，开创了阿拔斯王朝的中兴局面，他本人也成为实际掌权者。而拜占庭帝国在867年进入马其顿王朝阶段后，迎来了最辉煌的时代。这时拜占庭人开始对阿拔斯王朝采取攻势，但是双方也是互有输赢。例如：马其顿王朝创立者瓦西里一世（867—886年在位）于873年亲自率军攻克了阿拔斯王朝的萨姆萨特，[1] 又围攻了马拉蒂亚城，但未能攻克。拜占庭军队来年又攻克了阿拔斯王朝在小亚塔尔索附近的一座要塞。877年阿拔斯将领阿卜杜拉·本·赖世德带领4 000士兵进入拜占庭境内掠夺，结果被对方围歼，阿卜杜拉·本·赖世德被俘。879年拜占庭人进攻阿拔斯王朝在小亚南部的阿达纳城，杀死一千多人，俘虏数百人，数日后撤离。同年，拜占庭人又袭击了阿拔斯王朝在叙利亚北部的领土。882年瓦西里一世又亲自挂帅围攻马拉蒂亚城，但马拉蒂亚得到了

---

[1] 位于今土耳其境内幼发拉底河上游。

第四章　拜占庭帝国与阿拉伯国家的交流与碰撞

支援，最终瓦西里一世的军队被击退。883年塔尔索的阿拔斯军队趁夜袭击了拜占庭军队靠近塔尔索的军营，拜占庭人惨败，据说损失了7万人。886年塔尔索的阿拔斯军队还对拜占庭帝国发起了一次夏季攻势。美国著名拜占庭史学家亚历山大·瓦西列夫这样形容瓦西里一世时期拜占庭帝国与阿拔斯王朝之间的军事斗争："在几次激战之后，双方的冲突转变成每年必然发生却又不会产生任何本质性结果的冲突。有时希腊人获胜，有时阿拉伯人获胜，但最终，拜占庭在小亚的边界还是明显地东移了。"[1] 可见瓦西里一世时期拜占庭帝国在与阿拔斯王朝的斗争中还是占据了上风的。

穆耳台米德死后，他的儿子未能继承哈里发位，穆瓦法格之子穆阿台迪德（892—902年在位）成了哈里发。他和他父亲一样能干。阿拔斯军队在894年和895年之交又对拜占庭帝国发起了攻势，并获胜。898—900年塔尔索的阿拉伯人都对拜占庭人发起了进攻并获胜。塔尔索成为一个重要的基地，很多次进攻都从这里发起。到穆克塔菲一世（902—908年在位）时期，阿拔斯王朝与拜占庭帝国继续在小亚一带展开拉锯战，互有胜负，这些战役都没有产生重大的后果。双

---

[1] A.A.瓦西列夫：《拜占庭帝国史（324-1453）》，徐家玲译，商务印书馆，2019，第472页。

方也有和谈，903年拜占庭皇帝派两位使节到巴格达与穆克塔菲商谈赎回战俘事宜，双方达成了一致。

阿拔斯王朝于十世纪中叶被白益王朝控制，哈里发成了傀儡。而拜占庭在十世纪却走向辉煌。965年，拜占庭军队经过艰难围困攻克了小亚重镇塔尔索。这是以前每年阿拉伯人入侵拜占庭帝国的基地。同年，另一支拜占庭军队攻占了塞浦路斯岛。该岛自688年拜占庭皇帝查士丁尼二世（685—695、705—711年在位）和倭马亚王朝哈里发阿卜杜勒·马利克（685—705年在位）签订条约以来，一直由拜占庭帝国和阿拉伯帝国共同统治，如今又回到了拜占庭帝国。拜占庭帝国继续长期与阿拉伯人处于敌对状态，但其对手已经不是阿拔斯王朝，而是名义上从属于阿拔斯王朝的各个穆斯林政权，因为阿拔斯王朝已经解体，名存实亡。

（二）与突伦王朝

九世纪七十年代，艾哈迈德·本·突伦[1]将埃及从阿拔斯王朝分裂出去，建立了独立的突伦王朝。伊本·突伦在878年占领了叙利亚，从此叙利亚被突伦王朝统治。突伦王朝在

---

[1] 阿拉伯语人名中，"本（ بن ）"和"伊本（ ابن ）"都是儿子的意思，后面跟着父亲的名字。艾哈迈德·本·突伦意为"突伦的儿子艾哈迈德"，简称伊本·突伦。

第四章 拜占庭帝国与阿拉伯国家的交流与碰撞

占领叙利亚后积极地进攻拜占庭帝国，成为与拜占庭敌对的另一股力量。例如，879年或880年伊本·突伦部下的军队袭击了拜占庭的叙利亚边境，双方展开激战，互有损伤。882年突伦王朝的军队对拜占庭帝国叙利亚边境发起了夏季攻势，颇有斩获。

上文提到883年塔尔索的阿拔斯军队趁夜袭击了拜占庭军队靠近塔尔索的军营，斩杀约7万拜占庭人。此战中塔尔索的阿拉伯人是由亚扎曼·哈迪姆率领的。他是一名能干的将领，后又于885年或886年领导了对拜占庭帝国的夏季攻势；于888年袭击了拜占庭边境，毫无伤亡地掠得人口和物资；稍后又在水上袭击拜占庭人，夺取四艘船。但是他于890年背弃了阿拔斯王朝，向突伦王朝统治者胡马赖韦·本·艾哈迈德宣誓效忠。亚扎曼在投靠突伦王朝后继续积极进攻拜占庭人。在891年对拜占庭人的一次夏季攻势中，亚扎曼被敌方弩炮发射的飞石击中肋骨而亡，阿拉伯人也因此撤退。897年塔尔索的居民因不满突伦王朝的统治而将其官员赶走，塔尔索回归阿拔斯王朝。

然而突伦王朝只存在了三十几年，904年阿拔斯哈里发穆克塔菲一世派兵进攻埃及，905年突伦王朝灭亡。

（三）与哈姆丹王朝

哈姆丹王朝是十世纪什叶派阿拉伯人在伊拉克北部和叙利亚建立的割据王朝。十世纪拜占庭帝国开始走向复兴，大举进攻叙利亚等曾被阿拉伯人占去的失地，其主要敌人就是哈姆丹王朝。哈姆丹王朝统治者赛弗·道莱（945—967年在位）从947年开始每年向小亚的拜占庭领土入侵一次。直到去世前，他几乎没有一年不同拜占庭人交战。[1] 960年，拜占庭将领尼基弗鲁斯·福卡斯（未来的皇帝尼基弗鲁斯二世）攻打克里特岛上的阿拉伯人。赛弗·道莱趁拜占庭帝国攻打克里特岛之际，率3万军队入侵了拜占庭边境。当时留守东部的是尼基弗鲁斯·福卡斯的弟弟立奥·福卡斯。立奥在小亚的一个山口伏击了阿拉伯人，取得了胜利。961年尼基弗鲁斯在取得夺取克里特岛的重大胜利后被皇帝罗曼努斯二世（959—963年在位）派回东部。拜占庭人在962年对阿拉伯人取得了辉煌的胜利，在尼基弗鲁斯的率领下夺取了小亚东南部奇里乞亚的几十个城镇。然后拜占庭人继续向南挺进，直抵哈姆丹王朝首都阿勒颇城下。赛弗·道莱逃跑，阿拉伯

---

[1] 菲利浦·希提：《阿拉伯通史（第10版上册）》，马坚译，新世界出版社，2008，第418页。

第四章 拜占庭帝国与阿拉伯国家的交流与碰撞

人士气低落,无法阻挡拜占庭人。城破后,拜占庭人将城内财物洗劫一空,然后进行了血腥的大屠杀。但是拜占庭人并没有留下占领这座重要的城市,尼基弗鲁斯下令班师回国,在路上传来了罗曼努斯二世驾崩的消息。

  罗曼努斯二世的遗孀塞奥法诺皇后需要一个保护者,于是她向尼基弗鲁斯抛出了橄榄枝。尼基弗鲁斯和皇后商定:皇后两个年幼的儿子瓦西里和君士坦丁既有的共治皇帝(co-emperor)地位将得到保护,尼基弗鲁斯本人也成为一位共治皇帝,即尼基弗鲁斯二世(963—969年在位)。尼基弗鲁斯即位后,与塞奥法诺结婚。964年,尼基弗鲁斯二世又开始了对阿拉伯人的进攻。如前所述,拜占庭军队于965年攻克了塔尔索和塞浦路斯岛,继而向叙利亚挺进。966年尼基弗鲁斯二世率军围攻了安条克,但没有攻克。967年尼基弗鲁斯二世的主要对手赛弗·道莱因病去世,形势对拜占庭人十分有利。968年,尼基弗鲁斯二世大举进攻叙利亚,意在攻占安条克和阿勒颇。开始围攻安条克没有成功,但后来安条克发生了内乱,拜占庭人利用这一大好机会终于在969年攻入城内。在三百多年后,这座曾是罗马五大主教之一所在的城市终于又回到了罗马基督徒手中。不久,阿勒颇也被攻克,但在这之前哈姆丹统治者萨阿德·道莱(967—991年在位)已经离开阿勒颇。但是与安条克不同,阿勒颇没有被拜占庭帝国纳入直接统治。其穆斯林总督加尔古亚被保留，阿勒颇成为拜占庭帝国的附庸，统治者称埃米尔。

尽管尼基弗鲁斯二世居功至伟，但他的结局却异常悲惨。皇后塞奥法诺很快有了新欢，是尼基弗鲁斯二世的外甥约翰·基米斯基。969年他俩共谋杀害了尼基弗鲁斯二世，约翰成了皇帝，即约翰一世（969—976年在位）。约翰一世也是一位有为之君，他继续对阿拉伯人展开了"再征服"运动，此时的哈姆丹王朝已经势微，拜占庭人继续"再征服"的主要阻力来自法蒂玛王朝。

拜占庭人躲在堡垒里。[1]双方进行了和谈，最终阿拉伯人在得到大量赎金后撤回巴勒莫。

拜占庭皇帝狄奥斐卢斯决心收复西西里的失地。他于838年派自己的女婿亚历克西斯·穆塞勒率大军前往西西里，当时阿拉伯人正在围攻巴勒莫以东的切法卢。在几次战斗之后，阿拉伯人被迫放弃了对切法卢的围攻。然而拜占庭人的内部斗争阻碍了他们抓住机会扩大战果，就在穆塞勒取得胜利之后，就有人向狄奥斐卢斯告发他私通阿拉伯人、阴谋叛变。加上他的公主妻子去世，他与皇帝之间的纽带已经被割断。于是皇帝于839年将他召回了君士坦丁堡，然后将他囚禁。

---

[1] 可见卡斯特罗乔瓦尼不是完全由城墙保护起来的城市。

第四章 拜占庭帝国与阿拉伯国家的交流与碰撞

在阿拉伯人方面，838年阿格拉布埃米尔齐亚达特·阿拉一世去世，这影响了岛上阿拉伯人的士气，可能也是围攻切法卢失败的一大原因。但是阿布·伊盖勒·阿格拉布·本·易卜拉欣（838—841年在位）顺利继位后，阿拉伯人立即恢复了元气。阿布·伊盖勒一继位就向西西里派出增援部队。而838年拜占庭人在东部遭受了阿莫里翁战役的惨败，加上来年又召回了能干的穆塞勒，实力大受削弱。这样一来，阿拉伯人又占据了明显上风。839年到840年西西里的科莱奥内、普拉塔尼、卡尔塔贝洛塔等几个城市向阿拉伯人投降。到狄奥斐卢斯统治末期，西西里的西部已经落入阿拉伯人之手。

842年阿拉伯人在那不勒斯人的辅助下攻克了西西里东北沿海的墨西拿城，取得了东部的据点。如前所述，845年拜占庭帝国与阿拔斯王朝交换了战俘，关系暂时缓和，于是拜占庭帝国决定腾出手来对付西西里的阿拉伯人。两军在西西里南部的小镇布泰拉附近交战，结果拜占庭人又惨败，损失约1万人，而阿拉伯人损失不大。接下来拜占庭人节节败退。858年阿拉伯人围攻卡斯特罗乔瓦尼，当时拜占庭帝国在西西里的首府已从锡拉库萨迁到了那里。阿拉伯人俘获了一名拜占庭官员，要处死他。此人为了活命，提出愿意帮助敌人攻城。他告诉阿拉伯人，由于当时已是寒冬，拜占庭人以为不会受到袭击，会放松警惕。然后他带着阿拉伯人爬进城墙，阿拉伯人杀死哨兵后打开城门，这座难以攻克的城市终于陷落了。阿拉伯人获得了无数的钱财和俘虏。卡斯特罗乔瓦尼的攻克具有重要意义，阿拉伯人如果不能控制它，就不能占领更东边的城镇和巩固已有的战果。这是自攻克巴勒莫以来阿格拉布王朝在西西里取得的最高军事成就，从此阿拉伯人可以此为基地进攻东部其余地区，而不用像以前那样以西部为基地。

失去卡斯特罗乔瓦尼以后，拜占庭人在西西里就只剩下以锡拉库萨和陶尔米纳为中心的东部沿海地段。在卡斯特罗乔瓦尼陷落的当年，拜占庭帝国就向西西里派出一支300艘战船的庞大舰队，想要扭转败局。然而，拜占庭人再一次遭受了惨败，损失了100多艘战船，而阿拉伯人只损失了3人。这时，原本已投降阿拉伯人的普拉塔尼、卡尔塔贝洛塔等几个城市发动了起义，但是阿格拉布西西里总督阿拔斯·本·法德勒·本·叶尔孤白很快将其镇压下去，并进行了大屠杀。然后阿拉伯军队又和拜占庭军队在切法卢交战，拜占庭人又一次失败了，然后退守锡拉库萨。阿拔斯没有继续进攻，而是加强了卡斯特罗乔瓦尼的守备，增加了驻军和移民。861年阿拔斯在对锡拉库萨完成一次袭击后，在卡尔塔吉罗内附近因病死亡，被葬在那里。阿拉伯人撤退后，拜占庭人掘了阿拔斯的墓并焚烧了其遗骸，以发泄对他的愤恨。

第四章 拜占庭帝国与阿拉伯国家的交流与碰撞

阿拔斯死后,他的叔叔和儿子短暂行使了总督的权力,862年阿格拉布王朝从易弗里基叶派哈法贾·本·苏富扬到西西里继任总督。哈法贾派儿子进攻锡拉库萨,却被击败。864年阿拉伯人在拜占庭叛徒的帮助下,占领了西西里东南部的诺托和希克利。865年哈法贾进攻卡斯特罗乔瓦尼,破坏其周边的农田。[1] 866年哈法贾进攻锡拉库萨,未果,然后又向北进军陶尔米纳。陶尔米纳人求和,哈法贾派自己的妻子和儿子带兵进城谈判。但是陶尔米纳人很快又反悔,于是哈法贾之子穆罕默德·本·哈法贾率军占领了此城,将居民都变成奴隶。同年,哈法贾进军西西里东南的拉古萨,拉古萨人求和,与阿拉伯人达成了协议。根据协议,当地人被允许带着财产离开,剩下的一切都成为阿拉伯人的战利品。哈法贾接下来又攻占了一些小城镇,但因生病不得不返回巴勒莫。867年哈法贾痊愈后,又扫荡了锡拉库萨和卡塔尼亚周边的农村,毁坏农田,并四处抢掠。

可见,拜占庭帝国在整个米哈伊尔三世统治时期(842—

---

[1] Ibn 'Idhārī, Histoire de l'Afrique et de l'Espagne Intitulée al-Bayano'l-Mogrib, tome 1, p.148. 很难想象阿拉伯人放弃了卡斯特罗乔瓦尼,他们曾为攻克这座城付出了巨大的代价。因此,卡斯特罗乔瓦尼周围可能仍有一些地方在拜占庭人控制下。cf. A. A. Vasiliev, *Byzance et les Arabes*, tome 1, pp.262, note 5.

867年）在西西里战场屡战屡败。867年瓦西里一世杀害了米哈伊尔三世，建立了马其顿王朝。如前所述，马其顿王朝是拜占庭帝国最辉煌的时代，而且其东方的宿敌阿拔斯王朝已经衰落，无法再对其构成威胁，瓦西里一世可以腾出手来对付西方的阿拉伯人。然而，拜占庭人的辉煌却未能在西西里战场体现，最终的胜利者仍然是阿格拉布王朝的阿拉伯人。868年，君士坦丁堡派出的援军再次被阿拉伯人击败，哈法贾率军破坏了锡拉库萨周边的农田，并大肆抢掠。869年，哈法贾派儿子穆罕默德攻打锡拉库萨，后者被拜占庭人击败后退回，哈法贾又亲自率军对锡拉库萨进行了围困，并毁坏了周边的农田。在返回巴勒莫途中，哈法贾被麾下一名士兵刺杀身亡。这对于西西里的阿拉伯人来说是巨大的损失。西西里阿拉伯人选他的儿子穆罕默德·本·哈法贾为新总督，然后报请易弗里基叶的阿格拉布埃米尔批准，得到了埃米尔阿布·加拉尼格·穆罕默德·本·艾哈迈德（863—875年在位）的同意。穆罕默德·本·哈法贾当政仅两年左右，便于871年被他的一名阉奴刺杀。穆罕默德·本·哈法贾的主要政绩是派兵摧毁了马耳他岛上的拜占庭势力，并俘虏了其总督。阿拉伯人大肆抢掠之后毁掉了岛上的防御工事和不能带走的东西，未留人驻守，此后马耳他岛成为基本无人居住的废墟。穆罕默德·本·哈法贾死后，阿格拉布王朝任命艾哈迈德·本·叶

第四章　拜占庭帝国与阿拉伯国家的交流与碰撞

尔孤白为西西里总督，但是他上任仅几个月就死了。他的儿子侯赛因接替了他，并得到了阿格拉布朝廷的承认。872年西西里的阿拉伯人再次进攻了锡拉库萨，锡拉库萨居民以交还360名穆斯林战俘为条件换来了阿拉伯人退兵。

875年，阿格拉布埃米尔阿布·加拉尼格·穆罕默德·本·艾哈迈德卒，他的兄弟易卜拉欣·本·艾哈迈德卒（易卜拉欣二世，875—902年在位）成了埃米尔。他决心攻克锡拉库萨，878年阿拉伯人在经过9个月的围攻后攻陷了锡拉库萨，在城内进行了大屠杀。他们在这座城里抢掠了整整两个月，得到了比以往任何一座被攻陷的城市都多的战利品，然后毁掉了它。对穆斯林来说，攻克锡拉库萨是一个巨大的、期待已久的胜利，无论是物质上还是心理上。

但是攻陷锡拉库萨的当年，阿拉伯人中出现了内乱。西西里总督贾法尔·本·穆罕默德被他自己的奴隶谋杀，凶手是受到了他叔父（或伯父）和兄弟的指使。他俩夺取了政权，但是被巴勒莫的阿拉伯人推翻，并被押往易弗里基叶交给埃米尔易卜拉欣二世处决。侯赛因·本·拉巴赫成了新总督。他上任后立即进攻西西里剩余的拜占庭土地，主要是东北角的陶尔米纳[1]，但没有攻克。880年侯赛因·本·拉巴赫的总

---

[1] 前文已提到866年穆罕默德·本·哈法贾率军占领了陶尔米纳，应该是此城后来又回到了拜占庭人手中。

督之位被哈桑·本·阿拔斯取代，接下来几年内西西里总督频繁地被更换。886年西西里阿拉伯人内部又发生了动乱，巴勒莫人推翻了总督萨瓦达·本·穆罕默德，并将其押往易弗里基叶。阿格拉布王朝与暴乱者达成妥协，同意阿布·阿拔斯·本·阿里成为总督。在898年西西里穆斯林内部爆发了阿拉伯人与柏柏尔人之间的内战，埃米尔易卜拉欣二世之子阿布·阿拔斯·阿卜杜拉前往镇压，在900年攻克了巴勒莫。除了首要分子被处死，其余的人都被赦免了。阿布·阿拔斯成了西西里总督。

901年易卜拉欣二世让位于阿布·阿拔斯，前往西西里进行"圣战"，相当于父子间对换了位置。他这样做据说是因为在位期间干了很多坏事，希望赎罪，但是如果要去麦加朝圣就不得不经过埃及，将与突伦王朝发生冲突。于是他决定去西西里进行"圣战"，征服尚未攻克的区域。他生命的最后岁月都是在征战中度过的。他终于在902年攻陷了陶尔米纳。此后，余下的城镇或者投降，或者被很快攻占，拜占庭人已经没有力量阻挡阿拉伯人。经过75年几乎不间断的进攻后，阿格拉布阿拉伯人终于可以宣称整个西西里都在穆斯林统治之下。[1]易卜拉欣二世仍不满足,继续跨过海峡进攻意大利。在围攻意大利南部城市科森扎的时候,易卜拉欣二世因病去世。阿拉伯人这才停止了攻势。

尽管阿格拉布王朝终于在与拜占庭帝国的斗争中获得了胜利,但它自身却离灭亡不远了,在909年被法蒂玛王朝所灭。法蒂玛王朝继续在地中海地区与拜占庭帝国展开斗争。拜占庭帝国始终未能夺回西西里岛,西西里岛在十一世纪后期被诺曼人攻占以前,一直处于穆斯林统治之下。

第二节 拜占庭帝国与西方阿拉伯政权

拜占庭帝国除了长期与东部的阿拔斯王朝交战,也遭受了西方阿拉伯人的入侵,而且来自西方的威胁并不亚于东方。

(一)与阿格拉布王朝

西方的主要威胁来自北非的阿格拉布王朝。800年哈伦·赖世德任命易卜拉欣·本·阿格拉布为易弗里基叶(Ifrīqiyah,主要在今突尼斯)的长官,后来易弗里基叶就

---

[1] 实际上还有一些地区没有被征服,直到法蒂玛王朝时期都还在继续攻打这些地区。

成了独立的割据政权，史称阿格拉布王朝。统治者头衔是埃米尔，仍然奉阿拔斯王朝为宗主。827年埃米尔齐亚达特·阿拉一世（817—838年在位）派遣舰队入侵拜占庭的西西里岛，拉开了此后几十年阿格拉布王朝与拜占庭帝国斗争的序幕。实际上早在七世纪倭马亚军队已入侵过拜占庭的西西里岛。在八世纪，从北非和西班牙出发的阿拉伯海盗就开始不断袭扰地中海各岛屿，包括西西里岛。但在这些早期的袭击中，并无什么计划可言。[1]

  阿格拉布王朝入侵西西里岛的导火索是九世纪二十年代岛上一场反对拜占庭统治的叛乱。西西里岛的将军（strategos）康斯坦丁手下有一位名叫尤菲米斯的海军指挥官很有能力，是康斯坦丁的得力干将。但是皇帝米哈伊尔二世（820—829年在位）却命康斯坦丁抓捕尤菲米斯，原因据说是尤菲米斯爱上了一名修女，想强娶她，但这不仅非法，而且修女也反对。于是她的兄弟们去首都向皇帝告状，皇帝命康斯坦丁调查此

---

[1] 菲利浦·希提：《阿拉伯通史（第10版下册）》，马坚译，新世界出版社，2008，第549页。

第四章 拜占庭帝国与阿拉伯国家的交流与碰撞

事,如果属实,尤菲米斯将面临被割掉鼻子的刑罚。[1] 尤菲米斯刚刚率领舰队袭击了北非沿岸,带着俘虏的阿拉伯人返回,就得知了此事,于是立即反叛。尤菲米斯占领了岛上的锡拉库萨城。康斯坦丁向他进攻,战败后逃跑,却被抓住杀死。尤菲米斯自立为王。后来他手下有人反叛他,倒向了皇帝一边,并打败了他,攻占了锡拉库萨。尤菲米斯逃往北非,求助于阿格拉布王朝埃米尔齐亚达特·阿拉一世,条件是:尤菲米斯是西西里岛的统治者,但承认齐亚达特·阿拉一世的宗主权,尤菲米斯需向其进贡。齐亚达特·阿拉一世同意了。

827年,齐亚达特·阿拉一世任命卡迪(法官)阿萨德·本·福拉特为远征军统帅,派出了70艘大船,载有约1万名士兵和700匹战马,真正的征服开始了。穆斯林军队和尤菲米斯的军队在西西里岛西端的马扎拉登陆,那里有尤菲米斯的支持者。穆斯林军队登陆第一战误将尤菲米斯的军队当成了敌人。为了避免误伤,阿萨德要求友军与穆斯林军队分开,并在头上插上树枝作为标记。同时他明确告诉友军穆斯林不需要援

---

[1] 瓦西列夫认为不应将叛乱归因于这个浪漫的故事,真实原因应该是斯拉夫人托马斯的叛乱和西班牙穆斯林攻占克里特岛牵扯了拜占庭帝国的力量,为尤菲米斯叛乱创造了机会。米海尔二世得知尤菲米斯谋反后,命西西里总督抓捕他。cf. A. A. Vasiliev, *Byzance et les Arabes*, tome 1, p.71.

助，因为他不信任尤菲米斯，想要独立行动。阿萨德军击败了遇到的拜占庭军队，然后就穿过整个岛屿进攻位于东端的锡拉库萨。锡拉库萨派人求和，表示屈服，愿意缴纳贡品，希望阿萨德不要进攻。阿萨德的军队停止了前进，但实际上是在等待增援，整顿部队，为攻城做准备，因为队伍满载着战利品和战俘，并留下了一部分守卫占领区，战斗力有所削弱，所以需要休整。拜占庭人也并非真心求和，这只是缓兵之计。他们利用这段时间积极地准备防御，将财产和粮食转移到安全之处。阿萨德得知了此事，此外他还得知了一件更重要的事：尤菲米斯后悔与阿拉伯人结盟，开始暗中与拜占庭人联络，并鼓励他们抵抗阿拉伯人。锡拉库萨人做好准备后，公然拒绝缴纳所承诺的贡品，对锡拉库萨的围攻就开始了，然而这是一场艰苦的围城战。

阿萨德从陆地和海上封锁、包围了锡拉库萨城，并且得到了来自易弗里基叶、西班牙等地的支援。另一方面，米海尔二世也向西西里岛派遣了增援部队，他还成功地说服了威尼斯总督派战舰去进攻西西里的穆斯林。拜占庭的巴勒莫总督率领大军前来增援，向阿拉伯人发起进攻。阿拉伯人利用壕沟作为掩体，并在壕沟外面挖了许多洞，这是抵御骑兵的最好办法。很多拜占庭人在冲锋的时候掉进洞里被杀，于是巴勒莫总督的军队被击退。锡拉库萨继续受到围困。城内的

第四章 拜占庭帝国与阿拉伯国家的交流与碰撞

处境变得越来越艰难,然而事态突然发生了转变。828年阿拉伯军队中爆发了瘟疫,很多人因此丧生,包括统帅阿萨德本人。阿拉伯人陷入困境,很多战俘趁机逃跑。穆罕默德·本·阿布·贾瓦里成了新统帅。与此同时,拜占庭人从君士坦丁堡和威尼斯得到了新的增援。阿拉伯人决定放弃对锡拉库萨的围困,乘船逃离,但遭到拜占庭舰队的拦截而无法离开。阿拉伯人被迫返回岸上,烧毁了自己的船,然后向米内奥进军,经过三天的围攻占领了这个要塞。这时疫情也结束了,阿拉伯军队恢复了元气。然后阿拉伯人兵分两路,一支攻占了位于西西里岛西南沿海的阿格里真托,另一支与尤菲米斯一起进攻卡斯特罗乔瓦尼。[1] 卡斯特罗乔瓦尼人假装屈服,承认尤菲米斯为统治者。放松警惕的尤菲米斯只带了少量随从前去和谈,被城里的人杀死。

于是阿拉伯人开始攻城。拜占庭将军狄奥多图斯从君士坦丁堡带领一支大军来到西西里岛增援,但在卡斯特罗乔瓦尼城外被阿拉伯人击败,率领余部逃入了城内。阿拉伯统

---

[1] 英国历史学家约翰·伯里认为,尽管尤菲米斯有一段时间秘密地反对阿拉伯人,但是现在阿拉伯人遭受了失败的打击,也不再由阿萨德领导,所以他希望能够利用阿拉伯人达到自己的目的。cf. J. B. Bury, *A History of the Eastern Roman Empire from the Fall of Irene to the Accession of Basil I* (*A. D. 802-867*), London: Macmillan and Co., 1912, p.302.

帅穆罕默德·本·阿布·贾瓦里在攻城过程中死去，由祖海尔·本·高斯继任统帅。此后，狄奥多图斯扭转了局面，先是袭击了一支外出征集粮草的阿拉伯小分队，然后又击败了阿拉伯军队的主力，杀死约一千人。阿拉伯人退回营地，躲在防御工事里面，由进攻转为防御。由于缺少粮食，阿拉伯人在夜间对拜占庭人的营地发起了突袭，然而他们到了敌人的营地，发现那里空无一人。原来狄奥多图斯事先已知道了他们的计划，安排了一场伏击，拜占庭人从四面八方杀出，阿拉伯人惨败，战斗变成了一场屠杀。幸存的阿拉伯人逃到了米内奥，被拜占庭军队围困了很久。由于粮食耗尽，他们被迫吃马匹和狗。阿格里真托的阿拉伯人无力援助米内奥的战友，他们在将阿格里真托洗劫一空后放弃了该城，撤退至马扎拉，也就是他们最初登陆的地方。现在阿拉伯人在西西里岛上只剩下马扎拉和米内奥两个据点，而且一个在岛的西端，一个在东部，不仅相距较远，而且被拜占庭人分隔开，联络十分困难。马扎拉的情况尚好，但米内奥的阿拉伯人已经到了绝境。到829年夏天，也就是阿拉伯人入侵西西里岛两年后，岛上的阿拉伯人濒临灭亡。

然而，就在这时，大量穆斯林抵达西西里岛，共有300艘舰船运送他们，规模甚至远远超过了两年前的那次（70艘）。关于这300艘船所运送的穆斯林，伊本·阿西尔（生活在

第四章 拜占庭帝国与阿拉伯国家的交流与碰撞

十二至十三世纪)《全史》和伊本·伊扎里(生活在十三至十四世纪)《神奇的马格里布》有颇为不同的记载。伊本·阿西尔写道:就在 829 年岛上的穆斯林濒临灭亡之际,一支来自西班牙的大型远征舰队抵达,几乎同时许多载有易弗里基叶援军的船只也抵达了。这些船总共有 300 艘。他们登陆后,拜占庭人就被迫放弃了对阿拉伯人的围困,然后穆斯林就进攻巴勒莫。而伊本·伊扎里的版本是:829 年,有 300 艘船从西班牙来到西西里,西班牙穆斯林军队首领叫阿斯巴赫·伊本·瓦基勒。830 年,被困在岛上的阿拉伯人向西班牙穆斯林求救,后者同意了,条件是所有人接受阿斯巴赫的领导,双方达成了一致。阿斯巴赫的军队来到米内奥,解救了被围困的穆斯林,他们将这座城烧毁后,又进攻一个叫"加勒瓦利亚"[1]的城市。在攻克这座城后,穆斯林军队中却爆发了瘟疫,阿斯巴赫也因此丧生。失去主帅的穆斯林军队开始撤退,拜占庭人趁机反攻。穆斯林军队惨败,以至于乘船逃回了西班牙。

哪一个版本更可信?伊本·伊扎里的版本更详细,而且有一些类似的记载作为支持,似乎这个版本可信度更高。但

---

[1] 阿拉伯语غلواليةة,拉丁字母转写Ghalwālīya,尚不能确定是哪一个城市。

是这个版本记载830年穆斯林惨败、逃回西班牙后，紧接着又写到831年阿布·费赫尔·穆罕默德·本·阿卜杜拉成为阿格拉布王朝在西西里岛的总督。既然惨败，而且阿格拉布王朝的势力在岛上已极其微弱（300艘船的援兵全部来自西班牙，而不是易弗里基叶），阿格拉布王朝如何能在一年之后派出官员统治西西里岛呢？伊本·伊扎里的记载必定省略了后来穆斯林胜利的重要事实，如攻克巴勒莫。[1] 那么战胜拜占庭人的穆斯林从何而来呢？如果按照伊本·伊扎里的说法，300艘船全部来自西班牙，这些人可能由战败后没有乘船逃走的西班牙穆斯林残部和岛上原来的阿格拉布王朝穆斯林两部分组成。但这种可能性微乎其微，一来他们都是残兵败将，自保尚成问题，如何围攻巴勒莫这样的大城？[2] 二来即使获胜，西班牙穆斯林如何能接受阿格拉布王朝统治西西里岛一事，毕竟当初西班牙穆斯林援助的条件是所有人接受他们的首领阿斯巴赫的领导？所以阿格拉布王朝必定向西西里岛派出了援军。至于300艘船是包括了西班牙穆斯林和阿格拉布王朝援军两部分，还是全部来自西班牙，已不可考，但阿格

---

[1] 穆斯林攻克巴勒莫是事实，cf. A. A. Vasiliev, *Byzance et les Arabes*, tome 1, pp.129-130.

[2] 伊本·阿西尔称围城之初巴勒莫有7万人，这在中世纪的欧洲算大城市。cf. Ibn el-Athir, *Annales du Maghreb et de l'Espagne*, p.191.

第四章　拜占庭帝国与阿拉伯国家的交流与碰撞

拉布王朝派出援军是一定的。事实应该是：西班牙穆斯林与阿格拉布援军是互不相干的两股力量，在不同地点登陆。西班牙穆斯林解救了米内奥的阿格拉布穆斯林，后者接受了前者的领导。西班牙穆斯林在解围的战斗中杀死了围攻米内奥的狄奥多图斯，但他们在进一步的战事中因疫情而惨败，阿格拉布援军则是围攻巴勒莫的主力。在一段时间的围困后，巴勒莫长官投降，条件是保证他和家人的安全，保留他的财产，这些条件都得到了满足。在831年8月或9月穆斯林军队进入城内，原本城内的7万人只剩下不到3 000人。

在巴勒莫被攻克的当年，阿格拉布王朝就向西西里岛派出总督，将其作为新的领土进行管理。对阿格拉布王朝来说，攻占巴勒莫这样一个重要城市的意义重大，既是统治西西里岛占领区的中心，也为征服岛上其他地区奠定了坚实的基础。阿拉伯人攻占巴勒莫之后，与拜占庭人之间有两年没有发生大的冲突。从834年开始，西西里总督阿布·费赫尔·穆罕默德·本·阿卜杜拉将卡斯特罗乔瓦尼作为主攻方向，并多次打败拜占庭人。然而，835年阿拉伯人中有一部分士兵发动了叛乱，杀死了总督阿布·费赫尔，逃往拜占庭人一方。阿格拉布埃米尔齐亚达特·阿拉一世派法德勒·本·叶尔孤白从易弗里基叶前往西西里岛继任总督。法德勒到任不久就袭击了锡拉库萨周边地区，获得了大量战利品。有一次阿拉伯人劫掠之后返回途中遭遇了拜占庭西西里统帅的大部队，阿拉伯人避其锐气，撤退至易守难攻的森林里，令拜占庭人无法接近。拜占庭人在等待无果之后，不得不撤退，撤退时放松了警惕而且混乱无序。阿拉伯人抓住这一时机突然发起进攻，打得对方溃不成军。拜占庭西西里统帅多处受伤并落马，所幸被勇敢的士兵救走。此战阿拉伯人缴获了大量拜占庭人的装备、坐骑和辎重。

尽管法德勒取得了辉煌的战绩，但他的总督职位很快就被人取代了。就在835年，齐亚达特·阿拉一世就委任阿格拉布家族的阿布·阿格拉布·易卜拉欣·伊本·阿卜杜拉·伊本·阿格拉布为新的西西里总督。可能齐亚达特·阿拉一世派法德勒去西西里只是为了过渡。阿布·阿格拉布历经了一番周折和危险才抵达了西西里，上任后延续了对拜占庭人的积极攻势。阿拉伯人起初取得了一些胜利，但在进攻卡斯特罗乔瓦尼这样的重要城市时遭受了失败。后来阿拉伯人偶然发现卡斯特罗乔瓦尼防守存在薄弱环节，有一条无人守卫的小路，他们通过这条路占领了卡斯特罗乔瓦尼的一部分，但是还有一些拜占庭人躲在堡垒里。双方进行了和谈，最终阿拉伯人在得到大量赎金后撤回巴勒莫。

第四章 拜占庭帝国与阿拉伯国家的交流与碰撞

（二）与法蒂玛王朝

法蒂玛王朝是十世纪初什叶派伊斯玛仪支派穆斯林在北非建立的王朝，统治者自称伊玛目，[1]与阿拔斯王朝对立。就在十世纪拜占庭帝国进行轰轰烈烈的"再征服"的同时，法蒂玛王朝也在扩张。法蒂玛王朝的地域原本在易弗里基叶（突尼斯），是原阿格拉布王朝的所在地。969年，也就是拜占庭帝国攻克安条克和阿勒颇的同年，法蒂玛王朝大将昭海尔攻陷伊赫什德王朝[2]首都福斯塔特，灭亡了伊赫什德王朝，并修建开罗城。973年法蒂玛王朝迁都开罗。[3]法蒂玛王朝接手了阿格拉布王朝统治的西西里岛，而且攻占埃及后，继续向地中海东岸地区扩张，这都会与拜占庭帝国发生战争。

962年，法蒂玛王朝的军队围攻了西西里东北角的陶尔米纳。如前所述，902年阿格拉布王朝攻陷了此城，但后来阿拉伯人又失去了对它的控制。这一次经过长达七个月的围

---

[1] 什叶派领袖不用哈里发称号，什叶派伊玛目相当于逊尼派哈里发，甚至有比哈里发更大的权力。

[2] "突厥"将领穆罕默德·伊本·突格吉于935年在埃及建立的穆斯林割据王朝。

[3] 菲利浦·希提：《阿拉伯通史（第10版下册）》，马坚译，新世界出版社，2008，第563-565页。

困，法蒂玛军队终于将其攻陷。法蒂玛王朝用统治者穆伊兹（953—975年在位）之名将陶尔米纳重新命名为"穆伊兹亚"，然后用穆斯林移民充实该城。次年，法蒂玛军队进攻西西里东北角的罗梅塔镇，这是拜占庭人在岛上最后一个据点。拜占庭皇帝尼基弗鲁斯二世立即派兵增援，在墨西拿登陆并将其攻克。但是在罗梅塔，拜占庭人却被打败了。965年法蒂玛王朝攻占了罗梅塔，现在整个西西里都在阿拉伯人的控制之下。967年双方签订了有利于法蒂玛王朝的停战协定。

971年法蒂玛军队进攻了安条克，没有攻克。975年拜占庭皇帝约翰一世亲征，将巴勒斯坦、叙利亚和黎巴嫩大部分地区都纳入了拜占庭的控制之下。然而，这是他最辉煌的一次征战，也是最后一次。他回到君士坦丁堡后，于976年离奇死亡，可能是被人毒死的。此时罗曼努斯二世的儿子瓦西里已经成年，他本来之前就已经是共治皇帝，现在开始主政，即瓦西里二世（976—1025年当政）。但是他刚一主政便要应对野心勃勃的将领的挑战，镇压了叛乱之后，又要对付保加利亚。995年，拜占庭帝国的安条克和附庸阿勒颇埃米尔国受到法蒂玛王朝的威胁，瓦西里二世从首都发4万兵救援。为了尽快到达，他给全军都配备了坐骑——骡子。第一批1.7万人的援军只用了16天便赶到了阿勒颇城下，打败了围城的法蒂玛军队，后者撤回大马士革。不久瓦西里二世又亲率大

第四章　拜占庭帝国与阿拉伯国家的交流与碰撞

军赶到叙利亚，洗劫了埃米萨（霍姆斯），一直打到的黎波里，然后班师回朝。打败法蒂玛阿拉伯人后，瓦西里二世回头继续对付保加利亚人，直到1019年才解决了保加利亚问题。后来拜占庭人和法蒂玛阿拉伯人在叙利亚又交战数次，都没有改变既有的格局。双方于1001年签订了为期10年的停战协定。直到瓦西里二世统治结束，双方也没有发生战争。

稍后阿勒颇背离拜占庭帝国，倒向了法蒂玛王朝，成为其附庸，但拜占庭帝国没有因此发动战争。真正让拜占庭帝国与法蒂玛王朝之间关系紧张的是法蒂玛统治者哈基姆（996—1021年在位）对其统治下基督徒的迫害政策。1009年哈基姆下令毁坏耶路撒冷的圣墓教堂，掠走教堂中的圣物，驱逐教士，迫害朝圣者。不少基督徒和犹太教徒被迫改宗伊斯兰教，但是瓦西里二世也没有针对此事采取什么措施。1021年哈基姆死后，新的法蒂玛统治者扎希尔（1021—1036年在位）废除了对基督徒的迫害政策。1023年，耶路撒冷牧首尼基弗鲁斯被派往君士坦丁堡，告知拜占庭帝国圣墓教堂和埃及、叙利亚所有被破坏的教堂都将被重建，圣物也已被归还。一般情况下，基督徒在法蒂玛王朝统治区是安全的。拜占庭帝国经马其顿王朝的尼基弗鲁斯二世、约翰一世和瓦西里二世三位皇帝的努力，东部边境远至幼发拉底河和叙利亚。他们三人统治的时期是拜占庭同东方穆斯林关系史上最辉煌的一页。[1]

然而，瓦西里二世于1025年去世后，拜占庭帝国开始衰落。君士坦丁八世（1025—1028年在位）的统治短暂而平淡无奇，随后是罗曼努斯三世（1028—1034年在位）。罗曼努斯三世即位不久，作为法蒂玛王朝附庸的阿勒颇埃米尔进攻拜占庭的安条克。皇帝在经过长时间的准备后，于1030年御驾亲征，在阿勒颇附近却遭受了惨败。

罗曼努斯三世的后继者米哈伊尔四世（1034—1041年在位）力图收复西西里岛。瓦西里二世曾准备收复西西里，但还未就绪就驾崩了，所以这是拜占庭帝国一个筹备已久的行动，这次行动比以往任何时候都更为必要：阿拉伯人以西西里岛为基地对拜占庭统治下的意大利南部的持续袭扰威胁着帝国的安全；地中海海盗猖獗，堵塞了商路，影响了帝国的经济；对于拜占庭人来说，西西里长期被异教徒占领，不仅是对安全的威胁，也是对尊严的侮辱。此外，该岛的阿拉伯人中爆发了内战，似乎不太可能一致应对拜占庭的进攻，所以这是一个好机会。1038年拜占庭军队在名将乔治·马尼亚克斯率领下进攻西西里。值得一提的是拜占庭军队的核心是

---

[1] A.A.瓦西列夫：《拜占庭帝国史（324-1453）》，徐家玲译，商务印书馆，2019，第484-487页。

第四章 拜占庭帝国与阿拉伯国家的交流与碰撞

瓦兰吉人,即北欧人。拜占庭军登陆后,阿拉伯人几乎无力抵挡,很快拜占庭人就攻克了墨西拿,在 1040 年又攻克了锡拉库萨,东部沿海地带又回到帝国。然而,就在形势一片大好之时,拜占庭人的攻势却因内部政治斗争而中断——乔治·马尼亚克斯被指叛国,随后被召回首都,受到监禁。接下来西西里的拜占庭人内部又爆发了叛乱,总督也被刺杀,导致被拜占庭人攻占的地区除了墨西拿都回到了阿拉伯人手中。墨西拿在 1042 年也重新落入了阿拉伯人手中。1045 年,拜占庭皇帝君士坦丁九世(1042—1055 年在位)向法蒂玛统治者穆斯塔西尔(1035—1094 年在位)送去一批礼物,原因是双方刚刚签订了一份延长 10 年休战期的协议,和平将持续至 1055 年。礼物十分贵重,价值超过了以前任何一次拜占庭皇帝送给阿拉伯统治者的礼物。这份礼物价值 216 000 拜占庭第纳尔或 300 000 阿拉伯第纳尔。礼物包括 150 头上等的骡子和马,每头都披上丝绸。还有 50 头骡子跟在后面,驮着 50 对盖着丝绸的箱子。这些骡马是由 200 名穆斯林战俘牵着的。箱子里有各种各样的珐琅镀金壶、上等丝绸织物等。

这之后,拜占庭帝国经历了一段政治动荡,拜占庭农兵制度已经破坏,统治者依赖外国雇佣军。这时,伊斯兰世界兴起了塞尔柱人,1055 年他们进入巴格达,推翻了白益王朝,控制了阿拔斯哈里发。塞尔柱人还对法蒂玛王朝虎视眈眈。

作为逊尼派穆斯林,他们认为什叶派法蒂玛王朝不仅代表着异端,而且代表着伊斯兰世界统一的破裂。1071年拜占庭皇帝罗曼努斯四世(1068—1071年在位)率军在小亚东部的曼齐刻尔特与塞尔柱人进行了一场大战,结果拜占庭人惨败,皇帝被俘。此战对拜占庭帝国打击极大,后来拜占庭帝国不仅丢掉了叙利亚,而且丢掉了传统上长期属于拜占庭的小亚,那是其主要兵源地,从此拜占庭帝国一蹶不振。同时法蒂玛王朝也已经衰落。不久拜占庭帝国进入了科穆宁王朝时期。皇帝曼努埃尔一世(1143—1180年在位)受十字军东征的鼓舞,有了进攻埃及的想法。即使与十字军分享埃及的物产和基督教科普特人的巨大人力资源也会是一个不小的诱惑。十字军与拜占庭联军在1169年围攻了埃及的杜姆亚特,但由于十字军与拜占庭人互不信任,联盟瓦解,围攻失败。1171年法蒂玛王朝为萨拉丁所灭,拜占庭帝国与法蒂玛王朝之间的交往结束。

(三)与科尔多瓦政权

总体上拜占庭帝国与西班牙后倭马亚王朝-科尔多瓦政权不是敌对关系。相反,因为有共同的敌人——阿拔斯王朝,双方关系一直比较友好,还结成过联盟。

后倭马亚王朝的叛乱者在九世纪二十年代攻占了克里特

第四章 拜占庭帝国与阿拉伯国家的交流与碰撞

岛,算是双方的一种间接交往。在后倭马亚王朝埃米尔[1]哈基姆一世(796—822年在位)时期,宗教学者和普通民众都对他不满。科尔多瓦人民和哈里发士兵之间的仇恨与日俱增。814年,哈基姆一世麾下的一名奴隶军人(马穆鲁克)杀死了一名工匠,引发了科尔多瓦郊区民众的起义。民众击退了前来镇压的军队,包围了埃米尔的宫殿。但是最终起义失败,参与者遭到了残酷屠杀。哈基姆一世决定彻底摧毁起义者所在的郊区,命令那里的居民在三天内离开西班牙,否则将被钉上十字架。这些人一部分去了非洲的西海岸,另一部分去了埃及。去埃及的这部分人先是寄居在亚历山大城,然后将此地占据。埃及是阿拔斯王朝的辖区,在当时出现了割据倾向,阿拔斯哈里发马蒙在825年派阿卜杜拉·伊本·塔希尔收回了埃及,然后伊本·塔希尔驱逐了这些西班牙阿拉伯人。他们不得不寻找新的地方,最终选择了拜占庭统治下的克里特岛。827年或828年,阿布·哈夫斯带领这些西班牙阿拉伯人在克里特岛登陆。阿拉伯人在登陆时几乎没有遇到抵抗,大体上一是因为当时克里特岛不仅没有强大的军事力量,二是因为岛上居民对拜占庭统治不满。然而,如果克里特人希望阿拉伯人能改善他们的境遇,他们会非常失望。阿拉伯人

---

[1] 后倭马亚王朝统治者到929年才称哈里发,之前一直称埃米尔。

使当地人沦为奴隶，只允许一座城市的基督徒保留他们的宗教信仰。失去这样一个富庶和重要的岛屿，给米哈伊尔二世留下了深刻的印象，他努力想夺回克里特岛，多次派出军队征讨，结果作战失利，克里特岛一直被阿拉伯人控制，直到961年罗曼努斯二世时期名将尼基弗鲁斯·福卡斯（后来的皇帝尼基弗鲁斯二世）才为拜占庭帝国夺回该岛。米哈伊尔二世未能收复克里特岛的一大原因应该是差不多同时阿格拉布王朝的阿拉伯人正在入侵西西里岛，迫使皇帝将更多的精力用于处理西西里事务。这些来自西班牙的阿拉伯流亡者在克里特岛上安顿下来后，建立了政权。阿布·哈夫斯及其后人是统治者，称埃米尔，承认阿拔斯哈里发的宗主权，但实际上这个政权完全是独立的。他们主要从事海盗活动，掠夺人口和财物之后再出售以获利。

西班牙穆斯林也参与了对西西里岛的征服。如前所述，在829年西西里的阿格拉布阿拉伯人因瘟疫而濒临灭亡之际，一支来自西班牙的大型远征舰队抵达。西班牙穆斯林解救了被围困在米内奥的穆斯林，但后来他们仍因遭受瘟疫失去主帅而失败，这成了穆斯林征服西西里战争的一个插曲。不清楚这支西班牙穆斯林军队是由后倭马亚王朝统治者派出的军队还是自发组织的圣战者，但不大可能是由后倭马亚王朝派出的，因为这时拜占庭帝国与后倭马亚王朝不仅不敌对，反

第四章　拜占庭帝国与阿拉伯国家的交流与碰撞

而还比较友好，以下事例可以说明。

在 838 年阿拔斯王朝对拜占庭帝国发动的阿莫里翁战役之后，拜占庭皇帝狄奥斐卢斯试图在西方寻找盟友。839 至 840 年狄奥斐卢斯派出了三个使团，第一个前往法兰克国王"虔诚者"路易的宫廷，第二个前往威尼斯，第三个前往西班牙科尔多瓦。派出前两个使团的目的是共同对付易弗里基叶和西西里岛的阿格拉布阿拉伯人，后者威胁到拜占庭帝国在意大利的领土。向西班牙派出使节是为了联手对付共同的敌人阿拔斯王朝。

生活在十六至十七世纪的北非阿拉伯史学家马加里记载了 839 年狄奥斐卢斯向西班牙后倭马亚王朝派出使团一事：狄奥斐卢斯派人向阿卜杜勒·拉赫曼二世（822—852 年在位）送去礼物和一封信，在信中鼓动后者与拜占庭帝国结盟，以恢复祖先倭马亚王朝在东部的领土；阿卜杜勒·拉赫曼二世同意与之结盟，派才华横溢的加扎勒带着回赠的贵重礼物出使君士坦丁堡，狄奥斐卢斯非常热情地接待并宴请了加扎勒。

二十世纪三十年代西方学者发现摩洛哥非斯的卡拉维因大清真寺书库中有一部佚名阿拉伯编年史手稿更加详细地记载了这件事，该手稿中甚至收录了阿卜杜勒·拉赫曼二世给狄奥斐卢斯的回信内容。手稿中关于此事的记载和回信的内容被法国东方学家莱维－普罗旺萨尔收入《九世纪科尔多瓦和拜占庭的使节来往》一文中。这份记载的大概内容是：839或840年，狄奥斐卢斯的一位使臣来到后倭马亚王朝首都科尔多瓦，带着给阿卜杜勒·拉赫曼二世的礼物和一封书信。在信中，狄奥斐卢斯提到阿卜杜勒·拉赫曼二世的先祖倭马亚王朝哈里发马尔万二世（744—750年在位）被阿拔斯人杀害的深仇大恨，以及马蒙和穆阿台绥姆在国内的暴政，呼吁缔结一项友好条约以共同对付阿拔斯王朝；也提到了西班牙穆斯林叛乱者攻占了克里特岛并向穆阿台绥姆宣誓效忠，希望那些反对和谴责他们行为的人能帮助拜占庭帝国打击他们；还说到易弗里基叶的阿格拉布王朝脱离了阿拔斯王朝独立。阿卜杜勒·拉赫曼二世非常尊重拜占庭皇帝的使节，以很高的规格接待了他们。他很快就派出一个使团，带着给拜占庭皇帝的回信和礼物，陪同拜占庭使臣一同返回君士坦丁堡。后倭马亚王朝的使臣也受到了皇帝热情的接待。在给狄奥斐卢斯的回信中，阿卜杜勒·拉赫曼二世先是客套地肯定了双方的"传统"友谊，然后诅咒了阿拔斯统治者。在共同对付阿拔斯王朝的问题上，他写道，他"寄希望于安拉"，将在安拉的指引下向篡位者复仇，等于表态愿意共同打击阿拔斯王朝。至于克里特岛问题，他认为这些流寇已不再是他的臣民，不受其约束，故他对他们的行为没有任何责任，但完全同意拜占庭皇帝武力驱逐他们。如果有一天后倭马亚王朝能够恢复东方的故土,他们可以考虑这个问题。

以上史料显示阿卜杜勒·拉赫曼二世确实与狄奥斐卢斯结盟,但是这个联盟并没有付诸实际行动。当时后倭马亚王朝忙于镇压国内的叛乱以及与法兰克人斗争,加上844年诺曼人又入侵了西班牙,后倭马亚王朝无力帮助拜占庭人对抗东方的哈里发,故这个联盟未能发挥作用。

十世纪时双方也有友好来往。936年阿卜杜勒·拉赫曼三世(912—961年在位)下令在科尔多瓦西郊修建扎哈拉城,作为新的行政中心和宫殿所在地。新城的建筑有140根柱子是拜占庭皇帝赠送的;而且皇帝还向阿卜杜勒·拉赫曼三世送过很多贵重礼物,其中有一颗珍珠被陈列在扎哈拉城宫殿的一间大厅里;还有些珍宝也来自君士坦丁堡。949年,拜占庭皇帝君士坦丁七世(945—959年在位)向后倭马亚王朝派出使臣,希望与之建立友好关系,保持联络。阿卜杜勒·拉赫曼三世隆重地接待了拜占庭使臣,并派军队护卫。阿卜杜勒·拉赫曼三世的继任者哈基姆二世(961—976年在位)继续保持着与拜占庭的友好关系,他曾派使臣拜访尼基弗鲁斯二世。使臣将一名镶嵌艺术家带回西班牙,以指导科尔多瓦大清真寺新建部分的装饰。

虽然拜占庭帝国与西班牙后倭马亚王朝文化信仰不同,但这并不妨碍双方建立友好关系甚至结为盟友。与之类似的是阿拔斯王朝与法兰克王国之间的关系。这两组外交关系是对"文明冲突论"的有力驳斥。这几位君主都将邻近的"异教徒"政权视为敌人,但却可以与远方的"异教徒"政权成为盟友,颇有"远交近攻"的色彩。可见,决定政治关系的主要因素并非文化差异,而是实际利益。

第三节 拜占庭与阿拉伯人政治、军事交往的影响

拜占庭帝国与阿拉伯国家的长期对峙推动了西方文明的发展。中世纪西欧开始脱离地中海世界,进入独立发展时期。拜占庭帝国长期忙于应付来自东部的入侵,忽视了西部的局势,这为西部日耳曼人国家的发展提供了机会。[1] 拜占庭帝国与阿拉伯国家之间的战争牵制了拜占庭帝国大量的精力,削弱了其与罗马教廷之间的联系。751年伦巴德人占领了拜占庭帝国在意大利的总督府拉文纳,罗马危在旦夕,教皇斯蒂芬二世(752—757年在位)向拜占庭皇帝求援,恳请他派兵救援罗马城,但没有得到任何实质性的援助,只得转而求助法兰克人,与法兰克人结盟。拜占庭皇帝君士坦丁五世当

---

[1] 潘玉英:《论7-8世纪阿拉伯与拜占庭对地中海霸权的争夺及其时代意义》,硕士学位论文,东北师范大学,2008,第18-20页。

时正忙于收复阿拉伯帝国占领的叙利亚北部地区，故无暇顾及，加上"圣像破坏运动"期间皇帝与罗马教廷关系恶化，皇帝对罗马教廷态度必然冷淡。这件事最终致使罗马教廷脱离拜占庭帝国。教皇与法兰克人的联盟为罗马教会提供了依靠，罗马教廷开始了独立的事业，基督教开始在各蛮族王国中稳步扩展。原来基督教基本限于原罗马帝国范围内，在此之后传播到了罗马影响未及的德意志和北欧地区。[1]

值得注意的是，双方长期的战争似乎并未严重干扰两国人民之间的商业往来，也未妨碍相互的文化影响。战争有时反而是文化传播的媒介：俘虏通常未受到虐待，而且双方经常有交换、赎回战俘的活动，有些受过教育的俘虏将敌国的文化带回本国。自三世纪以来，通过与萨珊波斯的交往，罗马帝国就一直受到东方的影响。后来的东罗马帝国又受到东方阿拉伯人的影响，东方文化是拜占庭文明的组成部分。

（一）关于"圣像破坏运动"的原因争论

八、九世纪，拜占庭帝国内出现了一场有重大影响的宗教政治运动——"圣像破坏运动"。这场运动以立奥三世于

---

[1] 潘玉英：《论7-8世纪阿拉伯与拜占庭对地中海霸权的争夺及其时代意义》，硕士学位论文，东北师范大学，2008，第20-21页。

726年颁布《禁止崇拜偶像法令》为开端，至843年摄政皇太后塞奥多拉颁布反对破坏圣像的《尼西亚法规》终止，持续了117年。[1]关于"圣像破坏运动"的起因众说纷纭，有一种观点是"外部因素说"，将"圣像破坏运动"的原因归于伊斯兰教等外部因素的影响。[2]这是一种很早就存在的观点，最先是拜占庭人自己提出的，也长期为学术界接受。

瓦西列夫就支持外部因素说。他指出所有破坏圣像的拜占庭皇帝都是出身于东方行省的人：立奥三世和他建立的伊苏里亚王朝的其他皇帝都是伊苏里亚人（也许是叙利亚人），九世纪重新开始"圣像破坏运动"的皇帝立奥五世（813—820年在位）来自亚美尼亚，阿莫里亚王朝的皇帝米哈伊尔二世和他的儿子狄奥斐卢斯出生于小亚中部的弗里吉亚省。圣像崇拜的恢复者都是妇女——伊琳尼和狄奥多拉，前者是希腊血统，后者来自小亚西部靠近君士坦丁堡的帕夫拉戈尼亚省。皇帝的出生地绝非无关紧要。东部地区在"圣像破坏运动"以前已经有了反对圣像的倾向，这种倾向受到其他宗教的影响，其中就有伊斯兰教的影响。伊斯兰教是坚决反对偶像崇拜的。传说在立奥三世发布破坏圣像的敕令之前三年，

---

[1] 陈志强：《拜占庭帝国史》，商务印书馆，2017，第195页。

[2] 张一哲、吴冰冰：《毁坏圣像运动的起因：以伊斯兰政权和拜占庭帝国关系为视角》，《阿拉伯世界研究》2017年第4期，第110页。

第四章 拜占庭帝国与阿拉伯国家的交流与碰撞

倭马亚王朝哈里发叶齐德二世（720—724年在位）即下达了要求国内基督教臣民毁掉教堂内偶像的法令。无论这一传说真实与否，穆斯林对拜占庭东方各省的影响是必须加以考虑的因素。[1] 英国学者帕特里夏·克罗恩认为叶齐德二世关于破坏基督教圣像的法令是真实存在的。叶齐德二世发布禁止偶像崇拜的法令，几年后拜占庭帝国随之爆发了"圣像破坏运动"，这种时间上的相继性恐怕并非偶然，而应被视为拜占庭帝国对穆斯林入侵的回应——净化信仰以重新获得上帝的眷顾。希提也认为"圣像破坏运动"显然是受到了穆斯林的影响。[2] 不仅某些当代学者持这种观点，其实生活在"圣像破坏运动"时代的人也有这种看法：八至九世纪的拜占庭史学家狄奥法内斯在《编年史》中称立奥三世有"萨拉森人[3]的思想"。

然而，伊斯兰教对"圣像破坏运动"的影响只是一种推测，仍缺乏证据的支持。"外部因素说"所依据的历史记载本身也存在疑点——由于"圣像破坏运动"最终失败，历史学家

---

[1] A. A. 瓦西列夫：《拜占庭帝国史（324-1453）》，徐家玲译，商务印书馆，2019，第394-398页。

[2] 菲利浦·希提：《阿拉伯通史（第10版上册）》，马坚译，新世界出版社，2008，第272页，注释7。

[3] 中世纪欧洲基督徒作者对穆斯林的称谓。

在记录这一时期的拜占庭君主时,往往采取一种贬损的态度。立奥三世受叶齐德二世的影响而发动"圣像破坏运动",很可能是历史学家的夸张,以给后人留下其受阿拉伯帝国支配的印象。而且将"圣像破坏运动"归因于伊斯兰教影响的观点有过于简单化的问题。有学者注意到"圣像破坏运动"与拜占庭帝国—阿拉伯帝国关系的关联,指出"圣像破坏运动"是阿拉伯帝国与拜占庭帝国斗争的特殊产物。[1] 持这种观点的学者对"圣像破坏运动"的复杂性有更深的认识,其观点在"外部因素说"的基础上又进了一步。

我国学者张一哲、吴冰冰在《毁坏圣像运动的起因:以伊斯兰政权和拜占庭帝国关系为视角》一文中写道:通过对圣像破坏运动期间阿拉伯帝国与拜占庭帝国关系的梳理,可以发现圣像破坏运动与两国关系有一个基本的对应关系——在运动的第一阶段和第三阶段,双方关系相对缓和,战争形式以阿拉伯帝国例行的夏季远征为主,战争范围局限于边境地区;而在运动的第二阶段,双方关系高度紧张,战争升级为全面冲突,战争范围也扩展到拜占庭帝国腹地。"圣像破坏运动"进行的时期,恰恰是阿拉伯帝国与拜占庭帝国关系

---

[1] 张一哲、吴冰冰:《毁坏圣像运动的起因:以伊斯兰政权和拜占庭帝国关系为视角》,《阿拉伯世界研究》2017 年第 4 期。

第四章　拜占庭帝国与阿拉伯国家的交流与碰撞

较为缓和的阶段，而当"圣像破坏运动"中止时，阿拉伯帝国与拜占庭帝国之间发生了全面冲突。因此，这种对应关系背后必然有其特定逻辑。换言之，正是阿拉伯帝国与拜占庭帝国关系的变化，影响了"圣像破坏运动"的进程。而造成这种影响的关键因素，是拜占庭帝国东部边境地区的宗教少数群体在阿拉伯帝国与拜占庭帝国冲突中的作用。[1]

拜占庭帝国东部边境地区因远离政治和宗教中心且毗邻阿拉伯帝国，受拜占庭教会影响较弱，形成了异于拜占庭帝国腹地的独特宗教信仰。该地区居住着多个宗教少数群体，其中影响力最大的是犹太人、保罗派和阿提加诺派，这些宗教少数群体均反对圣像崇拜。拜占庭帝国自建立之日起，其境内就居住着规模不小的犹太社群，除首都君士坦丁堡外，犹太人主要集中于帝国东部靠近阿拉伯帝国的小亚等地。犹太人始终存在着强烈的反圣像崇拜倾向。保罗派是基督教内部的异端派别，在六世纪中叶形成。相传此派因女摩尼教徒卡琳尼琪之子亚美尼亚的保罗而得名。在保罗派的神学体系中，摩尼教与原始基督教两种因素并存。保罗派反对崇拜圣

---

[1] 张一哲、吴冰冰：《毁坏圣像运动的起因：以伊斯兰政权和拜占庭帝国关系为视角》，《阿拉伯世界研究》2017年第4期。

像，承认二元论。[1] 保罗派得名的传说显示该教派起源于东部与阿拉伯帝国交界地区。阿提加诺派也是基督教内部的异端派别，信徒主要分布于帝国东部边境的弗里吉亚，与当地的保罗派和犹太人保持着较为密切的联系。据称，阿提加诺派与犹太教存在较深的渊源。该教派有原教旨主义色彩，其信奉者仅认可摩西五经，在宗教实践中追求教仪的纯粹性，具体表现就包括反对圣像崇拜活动。坚定反对圣像崇拜的拜占庭皇帝米哈伊尔二世来自阿莫里翁———一个盛行阿提加诺派的城市，他本人可能就信奉阿提加诺派或者熟悉其教义。《毁坏圣像运动的起因：以伊斯兰政权和拜占庭帝国关系为视角》一文指出，当两个邻国关系比较紧张或经常在边境地区爆发武装冲突时，边民在本国统治者眼中的重要性往往会上升。一方面，对于本国而言，边民是参战的重要力量；另一方面，对于敌国而言，边民又是分化瓦解的重点对象。因此，在边境武装冲突频发的情况下，统治者通常会更加重视本国边民的利益诉求，并出台一些有利于他们的政策。从边民是参战的重要力量这个角度看，拜占庭帝国东部边境地区普遍推行军区制，军区制是一种兵农合一制度。军区就地征兵，

---

[1] 张箭：《三武一宗抑佛综合研究》，世界图书出版广东有限公司，2015，第329页。

配给每位士兵家庭小块耕作土地。军区士兵很少跨区调动，多在本军区内作战。在边境冲突中，拜占庭帝国的参战部队主要由本地居民组成，从而提高了边民的重要性。从敌国分化瓦解边民这个角度看，无论是异教徒犹太人，还是异端保罗派、阿提加诺派，都长期受到拜占庭帝国政府与拜占庭教会的排挤、迫害，这使他们更易受到阿拉伯帝国的分化与策反。由于宗教信仰、地理位置上相近，拜占庭帝国境内的犹太人可能会与阿拉伯帝国串通。和犹太人相比，基督教内部的异端保罗派遭到拜占庭帝国更加残酷的迫害，因此其对拜占庭帝国的反抗自然也更为激烈。保罗派是阿拉伯帝国与拜占庭帝国交界地带一股不容忽视的力量，并于七世纪末开始武装反抗拜占庭帝国政府。[1] 保罗派由于受到拜占庭政府的迫害和镇压，在八世纪曾一度离开拜占庭领土，迁移到阿拉伯帝国统治区内，后来又回到拜占庭帝国。

在拜占庭帝国与阿拉伯帝国的长期斗争中，少数宗教群体发挥了重要作用，是双方努力分化和争取的对象。当双方关系较为缓和时，"圣像破坏运动"开始进行，而当双方冲突趋于激烈时，"圣像破坏运动"反而停止。其原因就在于

---

[1] 张一哲、吴冰冰：《毁坏圣像运动的起因：以伊斯兰政权和拜占庭帝国关系为视角》，《阿拉伯世界研究》2017年第4期。

当双方关系相对缓和时，战争主要集中于边境地区，拜占庭东部边境地区的宗教少数群体在其中发挥着重要作用，所以拜占庭统治者发动"圣像破坏运动"迎合这些群体反对圣像崇拜的立场以赢得他们的支持。而当双方冲突趋于激烈时，战争拓展到拜占庭帝国腹地，此时边民不再是参战的主力，拜占庭统治者没有必要再迎合东部宗教少数群体，因此放弃破坏圣像的政策，回到拜占庭教会所支持的圣像崇拜传统上来。至于拜占庭统治者在843年废止"圣像破坏运动"的原因，是阿拉伯帝国内部陷入混乱，其对拜占庭帝国的威胁已基本消失，因此停止对边民的政策倾斜也在情理之中。圣像崇拜是拜占庭帝国宗教传统的一部分，而"圣像破坏运动"则是阿拉伯帝国与拜占庭帝国斗争的特殊产物。[1]

帕特里夏·克罗恩在谈到"圣像破坏运动"时曾指出，基督教既能希腊化也能犹太化，取决于周边的"磁场"。伊斯兰教的出现改变了"磁极"，从而使拜占庭帝国更加犹太化而非希腊化，从崇拜圣像转向破坏圣像。在这一"磁场"发生作用的过程中，拜占庭帝国东部边境地区的宗教少数群体本来只是宗教实践上居于少数、政治上遭受打压的边缘群

---

[1] 张一哲、吴冰冰：《毁坏圣像运动的起因：以伊斯兰政权和拜占庭帝国关系为视角》，《阿拉伯世界研究》2017年第4期。

体，但具有强大军事实力、强烈反对偶像崇拜的阿拉伯帝国迅速崛起，彻底改变了他们的地位，使其成为影响拜占庭帝国宗教政策的重要因素。此外，这些宗教少数群体影响力的强弱，又和阿拉伯帝国与拜占庭帝国斗争的激烈程度息息相关。[1]

（二）其他文化方面

拜占庭帝国与毗邻的阿拉伯政权有相互的文化影响和借鉴。从八世纪中后期到九世纪100多年的时间里，哈里发国家内发起了一场史无前例、规模宏大的翻译运动。一批穆斯林学者广泛地翻译了古代印度、波斯、希腊以及周边一些文明地区的书籍，史称"百年翻译运动"。这是伊斯兰历史上最重大的智力觉醒，这件事被认为是世界思想史上和文化史上最有意义的事件之一。[2] 阿拔斯王朝统治阶层迫切希望吸取先进文化，希望把波斯、印度、希腊的典籍译成阿拉伯语，以满足国家治理的需要。阿拔斯王朝的统治者和学者对古希腊典籍的需求促进了其与拜占庭帝国之间的和平交往。

---

[1] 张一哲、吴冰冰：《毁坏圣像运动的起因：以伊斯兰政权和拜占庭帝国关系为视角》，《阿拉伯世界研究》2017年第4期。

[2] 菲利浦·希提：《阿拉伯通史（第10版上册）》，马坚译，新世界出版社，2008，第278页。

阿拉伯人在大征服时代征服了大片原属于拜占庭帝国和萨珊波斯的土地，那些地方都是有着悠久历史和灿烂文化的地方。希腊的文化遗产，无疑是阿拉伯征服者手中最宝贵的财富。在阿拉伯人的生活里，希腊文化成为一切外国影响中最重要的一种。穆斯林征服的地区包含了若干希腊文化的中心，如埃德萨、安条克、亚历山大里亚等。此外叙利亚和美索不达米亚无数的基督教修道院也研究科学和哲学。[1]哈里发国家内部的这些资源都为翻译古希腊典籍提供了便利条件。然而，仅仅国内的文本显然满足不了大规模翻译古希腊书籍的需求，所以阿拔斯王朝统治者和学者需要到国外搜寻古希腊典籍。古希腊文明区基本都位于拜占庭帝国疆域内，所以阿拔斯王朝必须从拜占庭帝国获取珍稀的古希腊书籍。

阿拔斯王朝从拜占庭帝国获取书籍的方式既有战争也有和平。阿拔斯王朝对拜占庭领土的各种入侵，特别是在赖世德时代，不但带回了战利品，而且带回了很多希腊的手稿。[2]但更为后世所津津乐道的则是阿拔斯统治者通过和平外交手段获取古希腊典籍的故事。十四世纪的突尼斯史学家伊本·赫

---

[1] 菲利浦·希提：《阿拉伯通史（第10版上册）》，马坚译，新世界出版社，2008，第281页。

[2] 菲利浦·希提：《阿拉伯通史（第10版上册）》，马坚译，新世界出版社，2008，第281页。

第四章 拜占庭帝国与阿拉伯国家的交流与碰撞

勒敦在《历史绪论》中写道：阿拔斯哈里发曼苏尔派人去拜占庭皇帝处，请他赠送一些数学著作的译本，拜占庭皇帝把欧几里得的著作和一些物理学书籍送给了他。后来的哈里发马蒙也向拜占庭皇帝派出大使，这些大使的任务是搜寻古希腊的科学著作并将其用阿拉伯文抄写下来。他为此还派翻译人员到拜占庭帝国。哈伦·赖世德派人前往拜占庭帝国购买古希腊手稿。十五世纪的埃及学者苏尤迪写道：波斯人在阿拔斯王朝掌了权，他们心中充满了对阿拉伯人和哈里发国家的不忠和仇恨。他们给阿拉伯帝国带来变化，带来希腊书籍并将其译成阿拉伯语，然后在穆斯林中传播。拜占庭帝国有大量古希腊书籍，但是拜占庭皇帝担心臣民看到这些书以后抛弃基督教信仰而回归异教，于是将古希腊书籍存放在一个无人能接近的楼里。阿拔斯王朝权臣叶海亚·伊本·哈立德[1]听说此事后，贿赂拜占庭皇帝，只是为了借阅其封存的书籍。这正中拜占庭皇帝下怀，他十分高兴，召集主教和僧侣们征求他们的意见。皇帝认为不如将这些书全部赠送给叶海亚·伊本·哈立德，这样穆斯林将遭受这些书籍的毒害，己方正好摆脱其不良影响。大家都支持皇帝的意见。这个故事可能是对阿拔斯王朝心存不满者杜撰的，因为向拜占庭帝国求取书

---

[1] 波尔马克家族成员，哈伦·拉希德时期的维齐尔，卒于805年。

籍是阿拔斯统治者的意志，而不是波斯大臣为了败坏哈里发国家而进行的异端活动。但是这个故事应该有真实原型，原型就是"百年翻译运动"期间两国频繁的文化交往。

翻译运动不仅受益于来自拜占庭帝国的古希腊文献，反过来也对拜占庭帝国产生了影响。虽然拜占庭帝国有大量的古希腊典籍，但是由于基督教早已在拜占庭帝国占据了主导地位，而古希腊典籍中包含了大量世俗和异教的内容，故这些书籍在八世纪的拜占庭帝国受到了压制和排斥——当时世俗书籍已完全停止发行，也无人抄写、复制含有世俗内容的手稿。然而进入九世纪以后，世俗学术活动出现了缓慢的复苏，有学者称之为"最初的拜占庭人文主义运动"。九世纪拜占庭的这场"文艺复兴"显然是受到了巴格达翻译运动的极大影响。

拜占庭九世纪"文艺复兴"受到了巴格达翻译运动影响有两个可靠证据。第一个证据来自一位占星家的记载。这位占星家是活跃于巴格达的拜占庭人斯蒂芬努斯，他发现君士坦丁堡没有天文学和占星术，但是占星术对国家有益处，他认为有必要在东罗马人中复兴这门有用的科学。他将巴格达科学发展的消息带回了君士坦丁堡，还带回了具体的数学和占星术知识。第二个证据来自对希腊手稿的分析。如前所述，在八世纪的拜占庭帝国已无人抄写、复制含有世俗内容

第四章　拜占庭帝国与阿拉伯国家的交流与碰撞

的手稿。然而进入九世纪之后，拜占庭帝国又有人开始抄写希腊世俗书籍。在八世纪以前希腊世俗书籍都用安色尔字体（uncial）[1]书写，九世纪后人们开始用新出现的小写字体抄写希腊书籍。九世纪上半叶被复制的希腊世俗书籍和阿拔斯王朝翻译的书籍之间存在一种对应关系：九世纪上半叶大部分被抄写、复制的希腊书籍都是科学（主要是数学和天文学）和哲学方面的，阿拔斯王朝对这方面的书籍有很大的需求，这些书籍在九世纪都被翻译成阿拉伯语并得到了很好的研究。天文学和数学是最早被翻译成阿拉伯语并在伊斯兰世界迅速发展的科学。翻译运动与抄写、复制希腊世俗书籍之间的关联很可能是一种因果关系——或是拜占庭帝国效仿阿拔斯王朝翻译运动，或是拜占庭帝国应阿拔斯王朝所托而复制书籍，也可能二者兼有之。拜占庭人在两国的文化交往中获悉阿拔斯王朝对希腊世俗书籍的需求，由于阿拔斯统治者大力支持翻译运动，满足这种需求成为一件有利可图的事情。利益的驱使刺激了书籍抄写、复制事业的发展。而到了九世纪下半叶，被抄写、复制的希腊书籍则主要是关于哲学的，很多并未被译成阿拉伯语，拜占庭的书籍抄写活动与阿拔斯

---

[1] 一种全大写字母的字体，在三到八世纪被拉丁语和希腊语抄写员使用。

翻译运动之间的关联减弱。这表明拜占庭人的书籍复制事业不再仅仅满足阿拔斯王朝的需要，也满足自身对于世俗知识的需求。拜占庭人自身有了对古希腊文化的需求，其行为才能被称为"文艺复兴"，但这种复兴是在阿拔斯王朝"百年翻译运动"的影响下出现的。

拜占庭人后来也将阿拉伯语书籍译成希腊语。关于伊斯兰教和被拜占庭人抛弃的希腊哲学的书籍对拜占庭正统的意识形态是一个威胁，所以被翻译的书籍有明显的禁区。被翻译的阿拉伯语书籍主要涉及实用学科。关于占星术的书是最早被翻译的，其副产品天文学的书等也一并被翻译，其次是医学方面的书。相反，关于理论学科的书籍，如物理学、医学理论、数学，尤其是由穆斯林思想家继承发展的古希腊形而上学，没有被翻译，尽管这些理论是实用学科的基础。几乎找不到这些译本的赞助者和读者的信息，这些翻译似乎是秘密进行的。也许那些译者羞于承认自己翻译了阿拉伯书籍，读者也羞于承认自己阅读了它们，因为这不仅等于承认了阿拉伯—伊斯兰文化的优越性，而且等于承认了古典希腊文化的优越性。

生活在十一至十二世纪的拜占庭学者西蒙·塞思是翻译阿拉伯语书籍的一个代表人物。塞思博学多才，涉猎广泛。他献给皇帝米哈伊尔七世（1071—1078年在位）的关于健康

第四章　拜占庭帝国与阿拉伯国家的交流与碰撞

饮食的文章，广泛借鉴了希腊和阿拉伯传统医学知识。他的作品《论瘟疫》，是译自穆斯林医生兼哲学家阿布·贝克尔·穆罕默德·伊本·扎卡里亚·拉齐关于天花和麻疹防治的书籍。塞思还写了两篇关于自然哲学的文章献给米哈伊尔七世。一是《物理学概论》，这是一本自然哲学入门指南，影响很广。二是《论天体的效用》，也涉及自然哲学的基础知识，但他试图证明这是上帝的安排。塞思还奉阿莱克修斯一世（1081—1118年在位）之命翻译了阿拉伯作家伊本·穆格法的寓言故事集《卡里来和笛木乃》，这表明拜占庭人除了对阿拉伯科学作品有需求外，对阿拉伯文学作品也有需求。虽然塞思的作品表现出他不愿意承认受到阿拉伯的影响，但也引起了拜占庭人对这些新资源的注意。塞思受到统治者青睐，他的作品广泛流传，表明他很成功。到了拜占庭帝国最后一个王朝巴列奥略王朝时期，拜占庭人对阿拉伯书籍的态度才转变。正如拉丁（西欧）人通过阿拉伯人学到了很多希腊知识一样，希腊（拜占庭）人也通过拉丁人学到了很多阿拉伯知识。

除了与翻译运动相关的交往，双方还有一些文化交往。如建筑艺术方面：829年，拜占庭学者约翰·格拉马蒂科斯（未来的君士坦丁堡牧首）带着贵重的礼物出使巴格达，给哈里发宫廷留下了深刻印象。据说他回国后说服皇帝狄奥斐卢斯仿照他所见过的"萨拉森"宫殿下令修建了"阿拔斯式"的布里亚斯宫。如前所述，后倭马亚王朝哈里发哈基姆二世曾派使臣到君士坦丁堡将一名镶嵌艺术家带回西班牙，以指导科尔多瓦大清真寺新建部分的装饰。如军事理论方面：有人认为，拜占庭皇帝立奥六世（886—912年在位）在他的著作《战术》中借鉴了穆斯林某些关于征召和提高士气的做法。虽然立奥六世自称厌恶"萨拉森人"，但也意识到对方有值得学习的地方。如数学方面：据说有一个拜占庭人在一次战役中成为阿拔斯哈里发马蒙的俘虏。此人的几何学知识给马蒙留下了深刻的印象，他告诉马蒙自己是哲学家兼数学家立奥的学生，于是马蒙试图聘请立奥到巴格达为自己效劳。拜占庭皇帝为了将立奥留住，也向他发出邀请，提供君士坦丁堡的教学职位。

双方频繁而深入的文化交往对双方都产生了深刻的影响。阿拉伯—伊斯兰文明不是阿拉伯人单独创造的，而是由阿拉伯帝国统治下各族人民共同创造的一种融合型文明。所谓的"阿拉伯文化"，无论其渊源和基本结构或主要的种族面貌，都不是来自阿拉伯半岛。纯粹阿拉伯半岛的贡献，是在语言和宗教方面。阿拉伯—伊斯兰文化，基本上是在哈里发政府的保护下发展起来并通过阿拉伯语表达出来的希腊化叙利亚文化和伊朗文化。[1]穆斯林在与拜占庭交战的同时，也被对方高度发达的文明所吸引。这一情况在八世纪阿拉伯帝国军事扩张受阻后表现得尤为突出，他们开始重视与拜占庭帝国的文化交往。来自拜占庭帝国的古希腊文化典籍，通过翻译被介绍到伊斯兰世界，在穆斯林中广泛传播，促进了伊斯兰文明的繁荣。"百年翻译运动"时期阿拉伯帝国的军事扩张基本停止，随着政治和经济的迅速发展，哈里发国家的文化生活也出现了一派繁荣的景象。拜占庭帝国继承的希腊文化对伊斯兰学术产生了巨大影响：伊斯兰世界全面、系统地学习了希腊数学、天文学、医学、地理学等学科知识，吸收了这些学科的主要内容，继承了这些学科的遗产。穆斯林喜欢希腊和罗马的格言、谚语，毕达哥拉斯、苏格拉底、柏拉图、亚里士多德等人的一些格言流传于伊斯兰世界。这些文化成为伊斯兰文化的一个重要源泉。[2]

（三）经济、社会方面

虽然拜占庭帝国与阿拉伯政权长期处于交战状态，但即

---

[1] 菲利浦·希提：《阿拉伯通史（第10版上册）》，马坚译，新世界出版社，2008，第158-159页。

[2] 段冠强：《阿拉伯与拜占庭早期关系研究（7-8世纪）》，硕士学位论文，广西师范大学，2014，第47-48页。

使交战时,双方的平民也有往来。在穆斯林法律中有关于外国人(无论是商人还是普通人)进入阿拉伯国家的地位的规定,证明拜占庭人和阿拉伯人之间可以而且确实存在社会关系。即使某个国家与阿拉伯国家交战,那个国家的人也可以在阿拉伯国家内安全地停留一段时间,还可以安全地返回,除非违反了规定(如间谍活动),这对商业很重要。阿拉伯人和拜占庭人之间在前伊斯兰时代就有了贸易往来,如麦加商人会进入拜占庭帝国从事贸易。在倭马亚王朝时期,两国之间就有贸易,埃及向拜占庭出口纸草。欧麦尔二世(717—720年在位)曾颁布法令禁止阻碍海上贸易,与同拜占庭的贸易有关。在阿拔斯王朝时期,尽管两国长期处于交战状态,但贸易仍然活跃。马蒙和狄奥斐卢斯之间的信件谈到了和平的好处,这使两国之间的贸易得以扩大。

阿拔斯王朝制定了较为完善的针对入境外国商人的法律。外国商人携带货物进入阿拔斯王朝境内,会得到安全通行证。即使有的外国商人没有安全通行证,阿拔斯王朝官员对他们也是相当宽大的,顶多是将其驱逐出境。如果查明对方确实是商人,没有恶意,连驱逐都可以免除。一旦商人获得安全通行证,他就可以自由交易了。但是他们居留的时间

第四章 拜占庭帝国与阿拉伯国家的交流与碰撞

不得超过规定范围,如果超过时间就必须接受齐米人[1]身份,有些教法学家将居留期限定为一年。商人不能买卖伊斯兰教禁止的东西,也不能将阿拉伯国家内的武器、铁或其他可能增强敌人作战能力的物品带出国境,但可以购买被允许携带的个人武器。他们不能将穆斯林奴隶或齐米人带出国境,如果买了穆斯林奴隶(这不被禁止),必须在离境之前将其卖掉。如果被外国商人带入阿拉伯国家的奴隶中有人皈依了伊斯兰教,这样的奴隶不得被主人再带回国。外国商人在居留期间受到伊斯兰法律的保护,他们可以自由信奉自己的宗教,不受伊斯兰教戒律的限制,如可以饮酒。如果商人没有完成销售或有未清偿债务,他们甚至可以申请延长居留期限。当他们离开时,即使其国家正在与阿拉伯国家交战,穆斯林政府也必须将其带到安全的地方。如果居留期限届满,外国商人从海上离境,但遭遇风暴迫使其船只返回出发地,这种行为可以被接受。

拜占庭帝国也禁止将武器和军事装备带出国境,禁止向"萨拉森人"出口军事物资,甚至规定对违反这种禁令的人处以死刑。971年,皇帝约翰一世颁布的法令不仅禁止向阿

---

[1] 齐米人(dhimmī)指被穆斯林征服地区内与穆斯林订立契约的基督教徒和犹太教徒,他们缴纳人丁税,享受宗教信仰自由,受法律保护。

拉伯人出口进攻和防御武器，而且禁止向阿拉伯人出口用于制造战船的木材。拜占庭政府还禁止向外国和犹太商人出售希腊丝绸和某些珍稀染色丝绸面料。拜占庭帝国对从叙利亚进口的货物进行严格检查。叙利亚商人不得在君士坦丁堡停留超过三个月，他们必须在离开时提供所购物品的清单，以确保他们没有带走任何被禁止带走的物品。拜占庭帝国曾两次全面禁止与叙利亚和埃及进行贸易，一次是在立奥五世时期的 814 至 820 年，另一次是在瓦西里二世时期的 1015 至 1016 年。969 年拜占庭帝国和其附庸阿勒颇埃米尔国之间的条约证明了拜占庭与叙利亚的陆路贸易。条约中有关于货物关税的贸易条款，涉及黄金、白银、希腊锦缎、未加工的丝绸、珠宝、精细丝织品、普通织物、亚麻织物、牲畜等商品。所有这些都是从拜占庭出口到阿勒颇的商品，因为紧接着就有关于保护希腊商队的内容。该条约规定某些产品的关税由拜占庭海关官员征收，某些由阿勒颇埃米尔国的海关官员征收。

小亚的特拉布宗和亚美尼亚是拜占庭人与阿拉伯人进行贸易的重要通道。十世纪时，阿拉伯商人在特拉布宗进入拜占庭帝国。拜占庭帝国的产品是锦缎、亚麻和羊毛衣服等。在拜占庭的特拉布宗、比提尼亚等地有许多穆斯林。阿拉伯人与拜占庭人之间的许多贸易也以哈扎尔人为中间人。拜占庭帝国和埃及法蒂玛王朝之间的贸易也活跃。君士坦丁七世

第四章　拜占庭帝国与阿拉伯国家的交流与碰撞

统治早期的 948 年，拜占庭商人从海上抵达开罗，为那里的人带去了被废黜的前任拜占庭皇帝罗曼努斯一世（920—944 年）在流放中死去的消息。精细的亚麻和丝绸织物等商品从埃及的亚历山大、杜姆亚特和培琉喜阿姆等港口城市出口到拜占庭帝国。埃及制造的织物受到拜占庭宫廷的追捧。

虽然拜占庭帝国与阿拉伯帝国长期交战，但是双方统治者也有过互赠礼物的行为。倭马亚王朝开创者穆阿维叶一世（661—680 年在位）曾向拜占庭皇帝赠送了 50 匹马，阿卜杜勒·马利克也向拜占庭皇帝赠送过马匹和奴隶。哈伦·赖世德曾给尼基弗鲁斯一世送过椰枣、葡萄干、果酱、帐篷和香料等礼品，后者回赠了 100 件锦衣、12 只隼、4 只猎犬和 3 匹马等礼物。马蒙曾向狄奥斐卢斯赠送麝香和貂皮作为回礼。九世纪末，立奥六世向阿拔斯王朝的亚美尼亚和阿塞拜疆总督赠送了大量的希腊锦缎长袍，每件价值 2 000 第纳尔，外加一条镶嵌着价值 10 000 第纳尔的珐琅和黄金饰品的腰带，这些物品都是皇帝自己的。罗曼努斯一世曾送给阿拔斯哈里发拉迪（934—940 年在位）很多礼物，包括玻璃和水晶制成的杯子和小瓶、水壶、银盒和刀等工艺品，所有这些都镶嵌着黄金和宝石。罗曼努斯一世显然知道拉迪的喜好——水晶制品，后者收藏有世界上最美丽的水晶制品。此外还有各种颜色的锦衣，上面装饰着动植物的图案。皇帝约翰一世曾到大马士革与那里的"突厥"

长官会面,后者送给他 20 匹披甲的战马、武器、衣服和香料等物品。皇帝回赠了马、骡子、锦缎和珠宝。

民间贸易的货物没有像统治者之间互赠的礼物那样得到详细记载,但似乎可以肯定的是,纺织品在贸易中占了很大一部分。尽管拜占庭帝国有关于向阿拉伯人出口木材的禁令,但埃及一直从拜占庭进口木材。许多来自印度和远东的货物在亚历山大港和安条克转运。亚美尼亚人是拜占庭人和阿拉伯人之间贸易的中间人,双方的奴隶贸易都很繁荣。君士坦丁堡、巴格达或阿勒颇出售的产品很多是拜占庭或阿拉伯军队掠夺的战利品。阿拉伯国家城市的发展和市民的富裕,是国内外贸易兴盛的一个因素。

第四节　小结

七世纪初,拜占庭帝国在皇帝希拉克略的领导下打败萨珊波斯,收回叙利亚、埃及等近东行省,似乎预示着帝国的美好未来,拜占庭皇帝将继续继承查士丁尼大帝的西征政策,但伊斯兰教的骤然崛起,使拜占庭西征成为泡影。[1]拜占庭

---

[1] 潘玉英:《论7-8世纪阿拉伯与拜占庭对地中海霸权的争夺及其时代意义》,硕士学位论文,东北师范大学,2008,第20页。

第四章 拜占庭帝国与阿拉伯国家的交流与碰撞

帝国丧失了西亚、北非的大片领土,国土面积急剧萎缩,其复兴罗马荣光的梦想彻底破灭,甚至一度面临亡国的危险。进入八世纪,虽然阿拉伯帝国多次大规模进攻拜占庭帝国,但双方都没有取得压倒性的胜利,对峙、僵持的局面基本稳定下来。阿拉伯帝国取代波斯,成为拜占庭帝国的对手,新的对峙格局形成。八世纪中叶,阿拉伯帝国内发生了改朝换代的运动,阿拔斯王朝推翻了倭马亚王朝,倭马亚统治者的幸存者在西班牙独立,建立了后倭马亚王朝。阿拉伯帝国也开始分裂,出现了一个个割据政权,这些政权或者名义上接受哈里发的领导,或者与之敌对,甚至自立为哈里发。阿拉伯人内部争斗不已,而拜占庭帝国在九世纪进入马其顿王朝阶段后,反而迎来了复兴。在十世纪的尼基弗鲁斯二世、约翰一世和瓦西里二世三位皇帝统治期间,拜占庭帝国对阿拉伯人采取攻势,收复了克里特岛和叙利亚的失地,开创了拜占庭历史上最辉煌的时代。十一世纪塞尔柱人兴起,拜占庭人在与塞尔柱人的战争中惨败,不仅再次失去了叙利亚,还丢掉了一直以来属于拜占庭核心区域的小亚领土,从此一蹶不振。到十二世纪拜占庭帝国与诸阿拉伯政权均已衰落。

拜占庭帝国与阿拉伯政权之间的交往以战争为主。但是也应看到,拜占庭帝国与阿拉伯政权也有友好往来甚至结盟行为。如839年拜占庭皇帝狄奥斐卢斯向西班牙后倭马亚王朝派出使团，谋求与后倭马亚统治者阿卜杜勒·拉赫曼二世结盟；949 年拜占庭皇帝君士坦丁七世向后倭马亚王朝派出使臣，希望与后倭马统治者阿卜杜勒·拉赫曼三世建立友好关系、保持联络；后倭马统治者哈基姆二世曾派使臣拜访拜占庭皇帝尼基弗鲁斯二世。可见，虽然拜占庭帝国与后倭马亚王朝意识形态不同，但这并不妨碍双方建立友好关系甚至结为盟友。所以，中世纪基督教国家与伊斯兰国家之间的关系不能被简单概括为"文明的冲突"，决定政治关系的最重要因素并非宗教或意识形态，而是实际利益。

拜占庭帝国与阿拉伯国家的一系列交往产生了深远的影响：两国之间的长期战争很可能是拜占庭帝国"圣像破坏运动"的一大诱因。"圣像破坏运动"使得皇帝与罗马教会关系恶化。战争牵制了拜占庭帝国大量精力，最终致使罗马教廷脱离拜占庭帝国。两国之间的战争也为西欧崛起提供了便利条件。从文化方面看，阿拉伯帝国从拜占庭帝国获得了丰富的古希腊文化遗产，九世纪，古希腊科学、哲学在拜占庭帝国内出现了一定程度的复兴，这是拜占庭受到伊斯兰世界"百年翻译运动"影响的结果———一场重大的智力觉醒注定会影响到自身文明圈以外的世界。

参考文献

[1] 陈志强. 拜占庭帝国通史 [M]. 上海：上海社会科学出版社，2013.

[2] 陈志强. 拜占庭帝国史 [M]. 北京：商务印书馆，2017.

[3] 郭应德. 阿拉伯史纲 [M]. 北京：经济日报出版社，1997.

[4] 侯树栋. 德意志中古史——政治、经济社会及其他 [M]. 北京：商务印书馆，2006.

[5] 默父. 阿拉伯帝国 [M]. 西安：三秦出版社，2000.

[6] 王亚平. 德国通史·第一卷·封建帝国时代 [M]. 南京：江苏人民出版社，2019.

[7] 徐家玲. 拜占庭文明 [M]. 北京：人民出版社，2006.

[8] 王治来. 中亚通史·古代卷（上）[M]. 乌鲁木齐：新疆人民出版社，2004.

[9] 薛宗正. 突厥史 [M]. 北京：中国社会科学出版社，1992.

[10] 张箭. 三武一宗抑佛综合研究 [M]. 广州：世界图书出版广东有限公司，2015.

[11] 邹英. 走进阿拉伯文明 [M]. 北京：民主与建设出版社，2001.

[12] 卡尔·马克思. 马克思恩格斯选集（第1卷）[M]. 北京：

人民出版社，1972.

[13] 卡尔·马克思. 马克思恩格斯选集（第4卷）[M]. 北京：人民出版社，1972.

[14] 德尼兹·加亚尔，贝尔纳代特·德尚. 欧洲史 [M]. 蔡鸿滨，桂裕芳，译，海口：海南出版社，2000.

[15] 罗伯特·福西耶. 剑桥插图中世纪史（350—950年）[M]. 陈志强，等，译. 济南：山东画报出版社，2006.

[16] A. A. 瓦西列夫. 拜占庭帝国史（324—1453）[M]. 徐家玲，译. 北京：商务印书馆，2019.

[17] 布莱恩·蒂尔尼，西德尼·佩因特. 西欧中世纪史 [M]. 袁传伟，译. 北京：北京大学出版社，2011.

[18] 菲利浦·希提. 阿拉伯通史（第10版上册）[M]. 马坚，译. 北京：新世界出版社，2008.

[19] 乔治·奥斯特洛格尔斯基. 拜占庭帝国 [M]. 陈志强，译. 西宁：青海人民出版社，2006.

[20] 李隆国. 查理曼称帝与神圣罗马帝国的形塑 [J]. 史学集刊》，2018（3）.

[21] 沈坚. 匈牙利人起源及早期变迁 [J]. 经济社会史评论，2016（2）.

[22] 王晋新. 古典文明的终结与地中海世界的裂变：对西方文明形成的重新审视 [J]. 东北师范大学学报（哲学社会科学版），2010（1）.

[23] 吴长春. 阿拉伯文化传播到西欧的途径 [J]. 世界历史，1987（3）.

[24] 夏霜, 李福泉. 西班牙穆斯林的历史与现状 [J]. 中国穆斯林, 2014（6）.

[25] 王淑梅. 泛突厥主义的历史考察 [J]. 世界民族, 2000（2）.

[26] 王云龙. 穆斯林西班牙的文化成就 [J]. 贵州社会科学, 2013（8）.

[27] 张一哲, 吴冰冰. 毁坏圣像运动的起因：以伊斯兰政权和拜占庭帝国关系为视角 [J]. 阿拉伯世界研究, 2017（4）.

[28] 段冠强. 阿拉伯与拜占庭早期关系研究（7—8世纪）[D]. 桂林：广西师范大学, 2014.

[29] 胡岳. 论西班牙穆斯林王朝覆灭的原因 [D]. 上海：上海外国语大学, 2007.

[30] 刘源. 查理曼加冕称帝探究 [D]. 广州：暨南大学, 2015.

[31] 潘玉英. 论7—8世纪阿拉伯与拜占庭对地中海霸权的争夺及其时代意义 [D]. 长春：东北师范大学, 2008.

[32] 孙鹏. 11—12世纪拜占庭科穆宁王朝贵族妇女研究 [D]. 天津：南开大学, 2004.

[33] 尹忠. 权贵与土地——拜占庭马其顿时期社会解析 [D]. 长春：东北师范大学, 2009.